# La Voix du Silence

UNICURSAL

Copyright © 2018

**Éditions Unicursal Publishers**
www.unicursalpub.com

ISBN 978-2-924859-28-5

Première Édition, Yule 2018

# H. P. BLAVATSKY

# La Voix du Silence

## FRAGMENTS CHOISIS DU
### *"LIVRE DES PRÉCEPTES D'OR"*

POUR L'USAGE JOURNALIER DES LANOUS
*(DISCIPLES)*

Classiques Théosophiques

UNICURSAL

# PRÉFACE

Les pages suivantes sont extraites du *Livre des Préceptes d'Or*, un des ouvrages que l'on met, en Orient, entre les mains des étudiants du mysticisme. Leur connaissance est obligatoire dans cette école dont les doctrines sont acceptées par nombre de Théosophes. De ce fait, sachant par cœur beaucoup de ces Préceptes, il m'a été assez facile de les traduire.

C'est un fait bien connu, qu'aux Indes, les méthodes de développement psychique diffèrent selon les Gurus (instructeurs ou maîtres), non seulement parce qu'ils appartiennent à différentes écoles de philosophie, lesquelles sont au nombre de six, mais aussi parce que chaque Guru a son système à lui, qu'en général il tient très secret. Au-delà de l'Himalaya, cependant, la méthode des Écoles ésotériques ne varie pas, à moins que le Guru ne soit un simple Lama, n'en sachant guère plus que ceux qu'il instruit.

L'ouvrage d'après lequel je traduis fait partie de la série où ont été prises aussi les "Stances" du *Livre de Dzyan* qui servent de base à *La Doctrine Secrète.* Le *Livre des Préceptes d'Or* se réclame de la même origine que le grand ouvrage mystique appelé Paramârtha, celui-ci, d'après la légende de Nâgârjuna, fut donné au grand Arhat par les Nâgas ou "Serpents" (titre des Initiés d'autrefois). Cependant, ses maximes et ses idées, si nobles et si originales, se retrouvent souvent sous diverses formes dans les ouvrages sanscrits, par exemple, dans le *Jñâneshvari,* ce superbe traité mystique où, sous d'étincelantes couleurs, Krishna décrit à Arjuna l'état d'un Yogi pleinement illuminé, ou encore dans certaines *Upanishads.* Ceci est tout naturel, puisque parmi les plus grands Arhats, les premiers disciples de Gautama Bouddha, et spécialement ceux qui émigrèrent au Tibet, la plupart (sinon tous) étaient des Indous et des Aryens, et non des Mongols. À elles seules, les œuvres laissées par Aryasangâ sont très nombreuses.

Les *Préceptes* originaux sont gravés sur de minces lames rectangulaires, et leurs copies, très souvent, sur des disques. On conserve généralement ces disques ou plaques sur les autels des temples attachés aux centres où sont établies les écoles dites "contemplatives" ou Mahâyâna (Yogâchâra). Ils sont écrits de différentes manières, parfois en tibétain, mais surtout en idéogrammes. La langue sacerdotale (le Senzar), outre son alphabet propre, peut se rendre par divers modes d'écriture cryptographique, dont les caractères sont plutôt idéographiques que syllabiques. Une autre méthode (*lug*, en tibétain), consiste à employer des nombres et des couleurs, dont chacun correspond à une lettre de l'alphabet tibétain (30 lettres simples et 74 composées), et dont l'ensemble forme tout un alphabet cryptographique. Quand on emploie les idéogrammes, il y a une manière définie de lire le texte ; en effet dans ce cas, les symboles et signes employés en astrologie — à savoir les douze animaux du zodiaque et les sept couleurs primaires, chacune étant une triade de nuances, la claire, la primaire et la foncée — s'emploient pour les 33 lettres de l'alphabet simple, pour les mots et les phrases. Car dans cette méthode, les 12 "animaux", cinq fois répétés et accouplés aux cinq éléments et aux sept couleurs, fournissent un alphabet complet composé de soixante lettres sacrées et douze signes. Un signe placé au commencement du texte indique si le lecteur doit l'épeler d'après le mode indien, chaque mot n'étant simplement qu'une adaptation sanscrite, ou d'après le principe chinois de lecture des idéogrammes. La manière la plus facile, cependant, est celle qui permet au lecteur de n'employer aucun langage particulier ou d'employer *celui* qui lui plait, parce que les signes et les symboles étaient, comme les nombres ou chiffres arabes, propriété commune et internationale parmi les mystiques initiés et leurs disciples. La même particularité caractérise l'un des modes de l'écriture chinoise, qui peut être lue avec égale facilité par quiconque connaît ses caractères ; par exemple, un Japonais peut le lire dans son langage aussi facilement qu'un Chinois dans le sien.

Le *Livre des Préceptes d'Or* — dont quelques-uns sont pré-bouddhiques, tandis que d'autres appartiennent à une date postérieure — contient environ 90 petits traités distincts. J'en ai appris 39 par cœur, il y a des années. Pour traduire le reste, il me faudrait recourir à des notes trop éparpillées, parmi un grand nombre de papiers et de mémoires réunis dans les vingt dernières années et jamais mis en ordre, pour que la tâche fût facile. Encore ne pourraient-Ils pas tous être traduits, ni donnés à un monde trop égoïste et trop attaché aux objets des sens pour être aucunement préparé à recevoir dans le bon esprit une éthique aussi élevée. Car, à moins qu'un homme ne persévère sérieusement dans la poursuite de la soi-connaissance, il ne prêterait jamais une oreille bienveillante à des conseils de cette nature.

Et cependant, ce genre d'éthique remplit volume sur volume de la littérature orientale, spécialement dans les *Upanishads*. "Tue tout désir de la vie", dit Krishna à Arjuna. Ce désir est inhérent seulement au corps, véhicule du Soi incarné, et non au SOI qui est "éternel, indestructible, qui ne tue ni n'est tué" *(Katha Upanishad)*. "Tue la sensation", enseigne le *Sutta Nipâta, "regarde* comme égaux le plaisir et la peine, le gain et la perte, la victoire et la défaite". Et encore, "Cherche abri dans l'éternel seul" *(ibid.).* "Détruis le sentiment de séparativité" — répète Krishna sous toutes les formes. "Le Mental *(Manas) qui* suit les sens errants, rend l'Âme *(Bouddhi)* désemparée comme le bateau que le vent ballote sur les ondes" (*Bhagavad-Gîtâ*, II, 70).

Aussi avons-nous cru bien faire en opérant un choix judicieux seulement parmi les traités qui conviendront le mieux aux quelques vrais mystiques de la Société Théosophique, et qui sont surs de répondre à leurs besoins. C'est ceux-là seulement qui apprécieront ces paroles de Krishna-Christos, le "Soi Supérieur" :

"Les sages ne s'affligent pas pour les vivants ni pour les morts. Jamais je n'ai été sans existence, ni vous, ni ces législateurs des hommes, et aucun de nous ne cessera d'être dans l'avenir". (*Bhagavad-Gîtâ*, II, 27).

Dans cette traduction, j'ai fait de mon mieux pour conserver la beauté poétique du langage et le style imagé qui caractérisent l'original. C'est au lecteur de juger jusqu'à quel point cet effort a réussi.

HPB

*Dédié au Petit Nombre*

# FRAGMENT

# I

# LA VOIX DU SILENCE

Ces instructions sont pour ceux qui ignorent les dangers des IDDHI inférieurs [1].

---

Qui veut entendre et comprendre la voix de *Nada* [2], "le Son Muet", doit apprendre la nature de *Dhâranâ* [3].

---

1    Le mot pâli *Iddhi* est synonyme du sanscrit *Siddhi*, et signifie les facultés psychiques, les pouvoirs supra normaux de l'homme. Il y a deux espèces de *Siddhi*; un groupe contient les énergies psychiques et mentales inférieures, grossières; l'autre exige le plus haut entraînement des pouvoirs Spirituels. Comme dit Krishna dans la *Shrîmad Bhâgavata* : "Celui qui est engagé dans l'accomplissement du Yoga, qui a soumis ses sens et concentre son mental en moi, (Krishna) est un des Yogis que tous les Siddhis sont prêts à servir."

2    La "Voix Muette" ou la "Voix du Silence". *Littéralement* il faudrait peut-être lire : "La Voix dans le *Son Spirituel*", car le mot *Nada* est l'équivalent sanscrit du terme *Sen-zar*.

3    *Dhâranâ* est la concentration intense et parfaite du mental sur quelque objet intérieur de perception, accompagnée d'une abstraction complète de tout ce qui appartient à l'Univers extérieur ou au monde des sens.

Devenu indifférent aux objets de perception, l'élève devra chercher le *râjah* des sens, le producteur de la pensée, celui qui éveille l'illusion.

Le mental est le grand destructeur du réel.

Que le disciple détruise le destructeur.

Car :

Lorsqu'à lui-même sa forme paraîtra non réelle, comme au réveil paraissent les formes vues en rêve.

Lorsqu'il aura cessé d'entendre le multiple, il pourra discerner l'UN — le son intérieur qui tue l'extérieur.

Alors, et alors seulement, il abandonnera la région d'*Asat*, le faux, pour entrer dans le royaume de *Sat*, le vrai.

Avant que l'âme puisse voir, il faut avoir obtenu l'harmonie intérieure et rendu les yeux de chair aveugles à toute illusion.

Avant que l'âme puisse entendre, l'image (l'homme) doit être devenue sourde aux fracas comme aux murmures, aux cris des éléphants barrissant comme au bourdonnement argentin de la luciole d'or.

Avant que l'âme puisse comprendre et se souvenir, elle doit être unie au Parleur silencieux, comme à l'esprit du potier l'est la forme sur laquelle l'argile est modelée.

Alors l'âme entendra, et se souviendra.

Alors à l'oreille intérieure parlera

## LA VOIX DU SILENCE

Et elle dira :

Si ton âme sourit en se baignant dans le soleil de ta vie, si ton âme chante dans sa chrysalide de chair et de matière ; si ton âme pleure en son château d'illusion ; si ton âme se débat pour briser le fil d'argent qui l'attache au MAITRE [4] ; sache-le, ô disciple, c'est de la terre qu'est ton Âme.

Lorsque ton Âme [5] en bouton prête l'oreille au tumulte du monde, lorsque ton Âme répond à la voix délirante de la grande illusion [6] ; lorsque effrayée à la vue des chaudes larmes de la douleur, assourdie par les cris de détresse, ton Âme se re-

---

4    Le "grand Maître" est le terme employé par les *Lanous* ou chélas pour indiquer notre "Soi Supérieur". C'est l'équivalent *d'Avalôkiteshvara*, et le même que l'*Adi-Boudha* des occultistes bouddhistes, l'ATMAN, le "Soi" (le Soi Supérieur) des Brahmines et le CHRISTOS des anciens Gnostiques.

5    Âme est employé ici pour *Égo Humain* ou Manas, ce qui dans notre division septénaire occulte est appelé "Âme Humaine" (voir La *Doctrine Secrète)*, pour la distinguer des Ames Spirituelle et Animale.

6    *Mahâ Mâyâ*, "Grande Illusion".

tire comme la timide tortue dans la carapace de l'ÉGOÏSME, sache-le ô disciple, ton Âme est un tabernacle indigne de son "Dieu" silencieux.

Quand, devenant plus forte, ton Âme se glisse hors de sa sure retraite, et s'arrachant à son enveloppe protectrice, déroule son fil argenté et s'élance; quand, apercevant son image sur les vagues de l'Espace, elle murmure: "Ceci, c'est moi", avoue, ô disciple, que ton Âme est prise dans les rets de l'illusion [7].

Cette Terre, disciple, est la Salle de Douleur; ici, le long du sentier des dures épreuves, des pièges sont disposés pour saisir ton ÉGO dans l'illusion appelée "la Grande Hérésie" [8].

Cette terre, ô disciple ignorant, n'est que l'entrée sinistre menant au crépuscule qui précède la vallée de vraie lumière, cette lumière que nul vent ne peut éteindre, cette lumière qui brûle sans mèche ni aliment.

Il est dit dans la Grande Loi: "Avant de devenir le CONNAISSEUR du TOUT SOI [9], tu dois

---

7    *Sakkâyaditthi*, "l'illusion" de la personnalité.

8    *Attavâda*, l'hérésie de la croyance à l'âme, ou plutôt à la séparation de cette Âme, ou Soi, d'avec le Soi Un, Universel et infini.

9    Le *Tattvajñâni* est le "connaisseur" ou celui qui discerne les principes de la nature et de l'homme; et *l'Atmajñâni* est le connaisseur d'ATMAN ou du Soi UN, Universel.

être d'abord le connaisseur de ton soi". Pour arriver à connaître ce Soi, il faut abandonner le soi au Non-Soi, l'Être au Non-Être; alors tu pourras reposer entre les ailes du GRAND-OISEAU. Oui, doux est le repos entre les ailes de ce qui n'est pas né, de ce qui ne meurt pas, mais qui est l'AUM [10], à travers l'éternité des âges [11].

Monte l'Oiseau de Vie, si tu veux savoir [12],

Abandonne ta vie, si tu veux vivre [13],

Trois Salles, ô pèlerin fatigué, aboutissent au terme des labeurs. Trois Salles, ô conquérant de Mâra, te mèneront par trois états [14] au quatrième [15],

---

10    *Kala Hamsa*, l' "Oiseau" ou Cygne (voir note 11). Il est dit dans *la Nâda-Bindu Upanishad* (Rig Veda), traduite par la Société 'Théos. de Kumbakonam : "La syllabe A est considérée comme son aile droite, U, l'aile gauche, M, la queue, et l'Ardhamâtrâ (demi-mètre), comme sa tête."

11    Éternité signifie, pour les Orientaux, tout autre chose que pour nous et indique généralement les 100 années ou "âge" de Brahmâ, la durée d'un Mahâ Kalpa, ou une période de 311.040.000.000.000 d'années.

12    D'après la *Nâda-Bindu*, déjà citée, "un Yogi qui monte le Hamsa (qui médite sur Aum) n'est pas affecté par les influences karmiques ni par les milliards de péchés".

13    Abandonne la vie de *la personnalité* physique si tu veux vivre en Esprit.

14    Les trois états de conscience, qui sont *Jagrat*, la veille ; *Svapna*, le rêve ; et *Sushupti*, le sommeil profond. Ces trois conditions *yogiques* mènent à la quatrième, ou —

15    L'état *Turiya*, au delà de l'état sans rêve : l'état suprême, celui de haute conscience spirituelle.

et de là dans les sept mondes [16] les mondes dit d'éternel Repos.

Si tu veux savoir leurs noms, alors écoute et souviens-toi.

Le nom de la première Salle est IGNORANCE, *Avidyâ*.

C'est la salle où tu as vu le jour, où tu vis, et où tu mourras [17].

Le nom de la seconde est la Salle d'APPRENTISSAGE[18]. Là ton Âme trouvera les fleurs de la vie, mais sous chaque fleur un serpent enroulé [19].

Le nom de la troisième Salle est SAGESSE ; au-delà s'étendent les eaux sans rivages d'AKSHARA, Source indestructible de l'Omniscience [20].

---

16     Certains mystiques sanscrits placent sept plans de l'être, les sept *Lokas* ou mondes spirituels, dans le corps de *Kâla-Hamsa*, le Cygne hors du Temps et de l'Espace, qui devient le Cygne dans le Temps, lorsqu'il devient Brahmâ au lieu de Brahma (neutre).

17     Le monde phénoménal des sens et de la conscience terrestre, seulement.

18     La Salle d'Apprentissage pour la *probation*.

19     La région astrale, le Monde Psychique des perceptions supra sensorielles et des visions trompeuses, le monde des médiums. C'est le grand "Serpent Astral" d'Éliphas Lévi. Aucune fleur cueillie dans ces régions n'a encore jamais été rapportée sur terre sans un serpent enroulé autour de sa tige. C'est le monde de la *Grande Illusion*.

20     La région de la pleine Conscience Spirituelle au delà de laquelle il n'a plus de danger pour celui qui l'a atteinte.

Si tu veux traverser sain et sauf la première Salle, ne permets pas à ton esprit de prendre pour le Soleil de vie les feux de la convoitise qui y brûlent.

Si tu veux franchir sans danger la seconde, ne t'arrête pas à respirer le parfum de ses fleurs stupéfiantes. Si tu veux être libre des chaînes karmiques, ne cherche pas ton Guru dans ces régions mâyâviques.

Les SAGES ne s'attardent pas dans les bosquets des sens.

Les SAGES ne prennent pas garde aux voix mielleuses de l'illusion.

Celui qui doit te donner naissance [21] cherche-le dans la Salle de Sagesse, la Salle qui s'étend au-delà, où toutes les ombres sont inconnues, et où la lumière de la vérité resplendit d'une gloire impérissable.

Ce qui est incréé réside en toi, disciple, comme aussi dans cette salle. Si tu veux y atteindre et fusionner les deux, il faut dépouiller tes sombres vêtements d'illusion. Étouffe la voix de la chair, ne laisse aucune image des sens s'interposer entre cet-

---

21 L'Initié qui conduit le disciple, par la Connaissance qui lui est donnée, à sa naissance spirituelle ou seconde naissance, est appelé le *Père*, Guru ou Maître.

te lumière et la tienne, afin que les deux puissent se fondre en une. Dès que tu auras *appris ta propre Ajñâna* [22], fuis la Salle d'Apprentissage. Cette Salle est dangereuse dans sa perfide beauté, et n'est utile que pour ta probation. Prends garde Lanou, qu'éblouie par un rayonnement illusoire ton âme ne s'attarde et ne se prenne à cette clarté décevante.

Cette clarté rayonne du joyau du grand Ensorceleur (Mâra) [23]. Elle séduit les sens, aveugle le mental, et laisse l'imprudent telle une épave abandonnée.

La phalène attirée vers la flamme étincelante de ta lampe nocturne est condamnée à périr dans l'huile visqueuse. L'âme imprudente qui manque l'occasion de saisir à bras-le-corps le démon moqueur de l'illusion reviendra vers la terre esclave de Mâra.

---

22    *Ajñâna* est l'ignorance ou la *non*-sagesse, l'opposé de la "Connaissance" ou *Jñâna*.

23    *Mâra* dans les religions exotériques est un démon, un Asura : mais en philosophie ésotérique, il est la personnification de la tentation par les vices des hommes, et, traduit littéralement, signifie "ce qui tue" l'Âme. Il est représenté comme un Roi (celui des Mâras), avec une couronne où brille un joyau d'un tel éclat, qu'il aveugle ceux qui le regardent ; cet éclat est évidemment exercé par le vice sur certaines natures.

Regarde les Légions d'Âmes. Observe comme elles errent au-dessus de la mer orageuse de la vie humaine, et comment, épuisées, sanglantes, les ailes brisées, elles tombent l'une après l'autre dans les vagues enflées. Ballottés par les vents furieux, poursuivies par l'ouragan, elles dérivent dans les remous et disparaissent dans le premier grand tourbillon.

Si, après avoir traversé la Salle de Sagesse, tu veux atteindre la Vallée de Béatitude, disciple, ferme bien tes sens à la grande et cruelle hérésie de la séparativité qui te sèvre du reste.

Ne laisse pas ton principe "né du Ciel", plongé dans l'océan de Mâyâ, se détacher du Parent Universel (l'ÂME), mais laisse le pouvoir igné se retirer dans la demeure intime, la cavité du Cœur [24] et le séjour de la Mère du Monde [25].

Alors, du cœur, ce Pouvoir s'élèvera dans la sixième région, la région médiane, l'endroit entre

---

24    La cavité *intérieure du* Cœur, appelée en sanscrit *Brahma-pura*. "Le pouvoir igné" est Kundalini.

25    "Pouvoir" et "Mère du monde" sont des noms donnés à *Kundalini*, l'un des pouvoirs mystiques des Yogis. C'est *Bouddhi* considérée comme principe actif au lieu de passif (tandis qu'elle est généralement passive, quand on ne la considère que comme le véhicule de l'Esprit Suprême, ÂTMA). C'est une force électro-spirituelle, un pouvoir créateur qui une fois éveillé à l'activité peut tuer aussi bien que créer.

tes yeux, où il devient, le souffle de l'ÂME-UNE, la voix qui remplit tout, la voix de ton Maître.

C'est seulement alors que tu pourras devenir un "Promeneur du Ciel" [26], qui marche sur les vents au-dessus des vagues, sans que ses pas touchent les eaux.

Avant de poser le pied sur le degré supérieur de l'échelle des sons mystiques, tu devras entendre de sept manières la voix de ton Dieu *intérieur* [27].

Le premier son est comme la douce voix du rossignol psalmodiant à sa compagne un chant d'adieu.

Le second arrive comme le bruit d'une cymbale d'argent des Dhyânis éveillant les étoiles scintillantes.

Le suivant ressemble à la plainte mélodieuse d'un lutin de l'océan, emprisonné dans son coquillage.

Il est suivi du chant de la vînâ [28].

---

26      26 *Khechara*, "celui qui se promène ou va au ciel". Ainsi que l'explique le 6e Adhyâya de ce roi des traités mystiques, le *Jñâneshvari*, — le corps du Yogi devient comme formé du *vent;* comme "un nuage d'où les membres auraient poussé". Après quoi, "il (le Yogi) aperçoit les choses qui sont au delà des mers et des étoiles, il entend le langage des Dévas et le comprend, et perçoit ce qui se passe dans l'esprit de la fourmi".

27      Le SOI Supérieur.

28      La *vînâ* est un instrument ressemblant à un luth.

Le cinquième siffle dans ton oreille comme le son d'une flûte de bambou.

Puis il se change en une sonnerie de trompette.

Le dernier vibre comme le grondement sourd d'une nuée d'orage.

Le septième engloutit tous les autres sons, ils meurent, et on ne les entendra plus.

Quand les six [29] sont tués et déposés aux pieds du Maître, alors l'élève est plongé dans l'UN [30], devient cet UN, et il y vit.

Avant d'entrer dans ce sentier, tu dois détruire ton corps lunaire [31], nettoyer ton corps mental [32], et purifier ton cœur.

Les eaux pures de la vie éternelle, claires et cristallines, ne peuvent se mêler aux torrents boueux des tempêtes de la mousson.

La goutte de rosée céleste qui brille dans le sein du lotus aux premiers rayons du soleil du matin

---

29    Les six principes, c'est-à-dire quand la personnalité inférieure est détruite et que l'individualité intérieure est plongée et perdue dans le Septième principe ou Esprit.

30    Le disciple est un avec Brahmâ ou l'*ATMAN*.

31    La forme astrale produite par le principe kâma, le *kâma-rûpa* ou corps de désir.

32    *Mânasa-rûpa.* Le premier [corps] se rapporte au Soi astral on *personnel* : le second à l'individualité ou l'Égo qui se réincarne, et la conscience sur notre plan, ou *Manas inférieur*, doit être paralysée.

devient un morceau d'argile lorsqu'elle tombe à terre : voilà la perle changée en fange.

Lutte avec tes pensées impures avant qu'elles ne le dominent. Agis avec elles comme elles le feraient avec toi, si tu les ménages, qu'elles prennent racine et poussent, sache-le bien, ces pensées te terrasseront et te tueront. Prends garde, disciple, ne souffre même pas que leur ombre t'approche, car, croissant en grandeur et en force, cette chose de ténèbres, absorbera ton être avant que tu aies bien pu te rendre compte de la sombre présence du monstre immonde.

Avant que le "pouvoir mystique" [33] puisse faire de toi un dieu, Lanou, tu auras dû acquérir la faculté de tuer à volonté ta forme lunaire.

Le Soi de matière et le SOI de l'Esprit ne peuvent jamais se rencontrer. L'un d'eux doit disparaître, car il n'y a pas de place pour deux.

Avant que la mémoire de ton Âme puisse comprendre, le bourgeon de la personnalité doit être

---

33     Kundalini, le "pouvoir serpent" ou feu mystique. *Kundalini* est appelée le pouvoir "serpent" ou *annulaire* à cause de son travail ou progrès en spirale dans le corps de l'ascète qui développe ce pouvoir en lui-même. C'est un pouvoir électrique, igné, occulte ou *fohatique*, la grande force primitive sous-jacente à toute matière organique et inorganique.

écrasé, et le ver des sens détruit sans résurrection possible.

Tu ne pourras parcourir le Sentier avant d'être devenu ce Sentier lui-même [34].

Laisse ton Âme prêter l'oreille à tout cri de douleur, comme le lotus met son cœur à nu pour s'enivrer du soleil matinal.

Ne permets pas à l'ardent Soleil de sécher une seule larme de souffrance, avant que tu n'aies toi-même essuyé les yeux affligés.

Mais laisse toute larme humaine tomber brûlante sur ton cœur et y rester, et ne l'en efface jamais avant que soit disparue la douleur qui l'a causée.

Homme au cœur plein de compassion, ces larmes sont les ruisseaux qui arrosent les champs de l'immortelle charité. C'est dans ce terrain-là que croît la fleur de minuit de Bouddha [35], plus difficile à trouver, plus rare à contempler que la fleur de l'arbre Vogay. C'est la semence de la libération

---

34    Il est parlé de ce "Sentier" dans toutes les Œuvres Mystiques. Comme dit Krishna dans le *Jñânashvari* : "Quand ce Sentier est aperçu,... que l'on se dirige vers l'épanouissement de l'orient ou les demeures de l'occident, *sans mouvement*, ô porteur de l'arc, *est le voyage sur cette route*. Dans ce sentier, quelque part où l'on veuille aller, *cet endroit* devient vous-même". "Tu es le Sentier", est-il dit au Guru adepte, et par celui-ci au disciple, après l'initiation. "Je suis la voie et le Sentier", dit un autre MAÎTRE.

35    L'adeptat, la "floraison de *Bodhisattva*".

des renaissances. Elle isole l'Arhat de la lutte et de la convoitise, et le mène, à travers les champs de l'Être, vers la paix et la béatitude connues seulement au pays du Silence et du Non-Être.

Tue le désir; mais si tu le tues, prends garde qu'il ne se relève d'entre les morts.

Tue l'amour de la vie; cependant si tu détruis *tanhâ* [36], que ce ne soit pas par soif de vie éternelle, mais pour remplacer le variable par le durable.

Ne désire rien. Ne t'emporte pas contre Karma, ni contre les lois immuables de la Nature. Lutte seulement contre le personnel, le transitoire, l'éphémère et le périssable.

Aide la nature et travaille avec elle : la nature te regardera comme l'un de ses créateurs et fera sa soumission.

Et devant toi elle ouvrira tout grands les portails de ses demeures secrètes, et sous tes yeux elle mettra à nu les trésors cachés dans les profondeurs mêmes de son sein pur et vierge. Impolluée par la main de la matière, elle ne découvre ses trésors qu'à l'œil de l'Esprit, l'œil qui ne se ferme jamais, l'œil pour lequel il n'y a de voiles dans aucun de ses royaumes.

---

36    *Tanhâ*, la "volonté de vivre", la crainte de la mort et l'amour de la vie, la force ou énergie qui cause les renaissances.

C'est alors qu'elle te montrera les moyens et la voie, la première porte et la seconde, la troisième, jusqu'à la septième même. Puis, le but — au-delà duquel baignées dans le grand soleil de l'Esprit, des gloires inexprimées s'étendent invisibles pour tous, sauf pour l'œil de l'Âme.

Il n'y a qu'une route qui mène au Sentier; et c'est au bout seulement que l'on peut entendre la "Voix du Silence". L'échelle par où monte le candidat est faite de barreaux de souffrance et de peine; la voix de la vertu peut seule les réduire au silence. Donc, malheur à toi, disciple, s'il est un seul vice que tu n'aies pas laissé derrière toi. Car alors l'échelle cèdera et te renversera, son pied repose dans la boue profonde de tes péchés et de tes échecs, et avant de pouvoir essayer de traverser ce large abîme de matière, tu dois laver tes pieds dans les Eaux du Renoncement. Prends garde de poser un pied encore souillé sur le premier barreau avec des pieds boueux. La fange impure et visqueuse sèchera, deviendra tenace, et lui rivera, les pieds sur place, comme un oiseau pris à la glu de l'astucieux oiseleur, il sera retenu en tout progrès ultérieur. Ses vices perdront forme et l'entraîneront en bas. Ses péchés élèveront leurs voix, comme le chacal rit et sanglote après le coucher du soleil; ses pensées de-

viendront une armée et le traîneront en captivité
tel un esclave.

Tue tes désirs, Lanou, rends tes vices impuis-
sants, avant de faire le premier pas du solennel
voyage.

Étrangle tes péchés et rends-les muets à tout
jamais, avant de lever un pied pour monter à
l'échelle.

Fais taire tes pensées, et fixe toute ton attention
sur le Maître que tu ne vois pas encore, mais que
tu pressens.

Engloutis tes sens en un seul sens, si tu veux
être à l'abri de l'ennemi. C'est par ce seul sens, caché dans la cavité de ton cerveau, que les faibles
yeux de ton Âme pourront découvrir le sentier
ardu qui conduit à ton Maître.

Longue et lassante est la voie devant toi, ô
disciple. Une seule pensée donnée au passé laissé
derrière te fera retomber, et il faudra recommencer
l'ascension.

Tue en toi-même tout souvenir d'impressions
passées. Ne regarde pas en arrière ou tu es perdu.

Ne crois pas qu'on puisse jamais détruire la
convoitise en la satisfaisant à satiété : c'est là une
abomination, inspirée par Mâra. C'est quand on
le nourrit que le vice prend de l'extension et des

forces, comme le ver qui s'engraisse du cœur de la fleur.

La rose doit devenir le bourgeon né de la branche mère, avant que le parasite ne l'ait rongé jusqu'au cœur et n'en ait bu la sève.

L'arbre doré produit, ses bourgeons-bijoux avant que son tronc ne soit flétri par l'orage.

L'élève doit regagner *l'état d'enfance qu'il a perdu*, avant que le premier son puisse frapper son oreille.

La lumière qui vient du Maître UNIQUE, la lumière d'or de l'Esprit, une et impérissable, lance dès le début ses ondes éclatantes sur le disciple. Ses rayons franchissent les nuages de matière épais et sombres.

Ces rayons l'illuminent par-ci par-là, comme des étincelles de soleil éclairent la terre à travers l'épais feuillage de la jungle. Mais, ô disciple, à moins que la chair ne soit passive, la tête froide, l'âme aussi ferme et pure qu'un lumineux diamant, le rayonnement n'atteindra pas la *cavité*[37], son éclat ne réchauffera pas le cœur, et les sons mystiques venus des hauteurs akâshiques [38] n'atteindront pas l'oreille, si attentive qu'elle soit, au stade initial.

---

37      Voir page 21, note 24.

38      Ces sons mystiques, cette mélodie qu'entend l'ascète au début de son cycle de méditation, sont appelés Anâhata-shabda la par les Yogis.

À moins d'entendre, tu ne peux voir. À moins de voir, tu ne peux entendre. Entendre et voir, c'est là le second stade.

............................................................

Quand le disciple voit et entend, qu'il sent et goûte, yeux clos, oreilles bouchées, bouche et narines fermées ; quand les quatre sens se confondent et sont prêts à passer dans le cinquième, celui du toucher intérieur, alors il a passé dans le quatrième stade.

Et dans le cinquième, ô destructeur de tes pensées, tout cela doit être tué encore une fois au-delà de toute résurrection possible [39].

Tiens ton esprit à l'écart de tout objet du dehors, de tout spectacle extérieur. Tiens à l'écart les images intérieures, de peur qu'elles ne projettent une ombre sur ta lumière d'Âme.

Tu es maintenant en DHARANA [40], le sixième stade.

---

39    Ceci veut dire qu'au sixième stade de développement, qui dans le système occulte est *Dhâranâ*, tout sens, comme faculté individuelle, doit être "tué" (ou paralysé) sur ce plan, en passant et se plongeant dans le *septième* sens, le plus spirituel.

40    Voir page 13, note 3.

Quand tu auras passé dans le septième, ô for-
tuné, tu ne percevras plus le trois sacré [41], car tu
seras toi-même devenu ce trois : toi-même et le
mental, comme des jumeaux sur une même ligne,
et l'étoile qui est ton but et brûle au-dessus de ta
tête [42]. Les trois qui résident dans la gloire et la
béatitude ineffables ont maintenant perdu leurs
noms dans le monde de Mâyâ. Ils sont devenus
une seule étoile, le feu qui brûle sans consumer, ce
feu qui est l'Upâdhi [43] de la Flamme.

---

41     Chaque stade de développement en *Râja-Yoga* est symbolisé
par une figure géométrique. Celle-ci est le *Triangle* sacré et précède
*Dhâranâ*. Le Δ est le signe des hauts chélas, tandis qu'un triangle d'une
autre sorte est celui des hauts Initiés. C'est le symbole "I" dont parle
Bouddha et qu'il emploie comme symbole de la forme incarnée de
Tathâgata, lorsqu'il est débarrassé des trois méthodes de Prajñâ. Une
fois franchis les stades préliminaires et inférieurs, le disciple ne voit
plus le Δ, mais le — abréviation du — le septénaire complet. *Sa vraie
forme ne peut être donnée ici, car il est presque sûr qu'elle serait saisie au vol
par des charlatans et* — employée à des fins frauduleuses.
42     L'étoile qui brûle au-dessus de la tête est "l'étoile de l'initiation".
La marque de caste des Shaïvas, ou fidèles de la secte de Shiva, le grand
patron de tous les Yogis, est un point noir et rond, symbole peut-être
du Soleil à l'heure actuelle, mais symbole de l'étoile de l'initiation en
occultisme, dans les temps anciens.
43     La *base (Upâdhi)* de la "FLAMME" qui ne peut jamais être
atteinte, tant que l'ascète est encore dans cette vie.

C'est là, ô Yogi de bonne chance, ce que les hommes appellent Dhyâna [44], véritable précurseur de Samâdhi [45].

Et maintenant ton Soi est perdu dans le SOI, Toi-même en TOI-MÊME, absorbé dans CE SOI dont tu as rayonné tout d'abord.

Où est ton individualité, Lanou, où est le Lanou lui-même ? C'est l'étincelle perdue dans le feu, la goutte dans l'océan, le Rayon toujours présent devenu le Tout et l'éternelle splendeur radieuse.

Et maintenant, Lanou, tu es l'acteur et le témoin, l'émetteur et la radiation; la Lumière dans le Son et le Son dans la Lumière.

Tu as fait connaissance avec les cinq obstacles, ô Bienheureux. Tu es leur vainqueur, le Maître du sixième, le libérateur des quatre modes de vérité [46]. La lumière qui les éclaire rayonne de toi-

---

44    *Dhyâna* est l'avant-dernier stade *sur cette Terre*, à moins qu'on ne devienne un MAHATMA complet. Comme on l'a déjà dit, dans cet état, le Râja yogi est encore spirituellement conscient de Soi, et du travail de ses principes supérieurs. Un pas de plus, et il sera sur le plan au delà du septième (ou quatrième suivant certaines écoles). Celles-ci après la pratique de *Pratyâhâra* — entraînement préliminaire qui consiste à maîtriser son mental et ses pensées — comptent Dhâranâ, Dhyâna et Samâdhi, et embrassent les trois, sous le nom générique de SAMYAMA.

45    *Samâdhi* est l'état où l'ascète perd la conscience de toute individualité y compris la sienne. Il devient le — TOUT.

46    Les "quatre modes de vérité" sont en Bouddhisme septentrional :

même, ô toi qui étais disciple, mais qui es à présent Instructeur.

Et de ces modes de Vérité :

N'as-tu pas passé par la connaissance de toute misère Vérité première ?

N'as-tu pas vaincu le roi des Mâras à Tsi, le portail du rassemblement — vérité seconde ? [47].

N'as-tu pas, au troisième portail, détruit le péché et acquis la troisième vérité ?

N'es-tu pas entré dans le Tao, le "Sentier" qui mène à la connaissance — la quatrième vérité ? [48].

Et maintenant, repose sous l'arbre Bodhi, qui est la perfection de toute connaissance, car, sache-le, tu es Maître de SAMADHI, l'état de vision infaillible.

Regarde ! Tu es devenu la Lumière, tu es devenu le Son, tu es ton Maître et ton Dieu. Tu es

---

Ku, "souffrance ou misère"; Tu, "le rassemblement des tentations"; Mu, leur destruction, et Tao, le "Sentier". Les "cinq obstacles" sont la connaissance de la misère, la vérité sur la faiblesse humaine, les abstentions pénibles et la nécessité absolue de se séparer de tous les liens de la passion et même des désirs; le "Sentier du Salut" est le dernier.

47    Au portail du "rassemblement", le roi des Mâras, le *Mahâ Mâra*, se tient, essayant d'aveugler le candidat par l'éclat de son "Joyau".

48    Celui-ci est le quatrième "Sentier" parmi les cinq sentiers de la renaissance qui conduisent et précipitent tous les êtres humains en des états perpétuels de douleur et de joie. Ces "sentiers" ne sont que des subdivisions du Sentier Unique suivi par Karma.

TOI-MÊME l'objet de ta recherche : la VOIX ininterrompue qui résonne à travers les éternités, exempte de changement, exempte de péché, les sept sons en un, la

## VOIX DU SILENCE

*Om Tat Sat.*

# FRAGMENT

# II

# LES DEUX SENTIERS

Et maintenant, ô Maître de Compassion, indique la voie à d'autres hommes. Regarde tous ceux qui, frappant pour être admis, attendent, dans l'ignorance et l'obscurité, de voir la porte de la Douce Loi s'ouvrir toute grande!

Voix des Candidats:

Ne révèleras-tu pas la Doctrine du cœur [49], Maître de ta propre Pitié? Refuseras-tu de conduire tes Serviteurs sur le Sentier de la Libération?

L'Instructeur parle:

---

49    Les deux écoles de la doctrine de Bouddha, l'ésotérique et l'exotérique, sont appelées respectivement Doctrines du "Cœur" et de l'"Œil". Bodhidharma les appelait en Chine — d'où ces noms parvinrent au Tibet — Tsung-men (l'école ésotérique), et Kiao-men (l'exotérique). La première est ainsi nommée parce que c'est la doctrine qui émana du cœur de Gautama Bouddha, tandis que la doctrine de l'"Œil" fut l'œuvre de sa tête ou de son cerveau. La "Doctrine du Cœur est aussi appelée le "sceau de vérité" ou le "vrai sceau", un symbole qu'on trouve en tête de presque toutes les œuvres ésotériques.

Les Sentiers sont deux, les grandes Perfections trois ; six sont les Vertus qui transforment le corps en l'Arbre de la Connaissance [50].
Qui en approchera ?
Qui le premier y entrera ?
Qui le premier entendra la doctrine des deux Sentiers en un, la vérité révélée au sujet du Cœur Secret [51] ? La Loi qui, évitant l'étude livresque, enseigne la Sagesse, révèle une histoire de douleur.
Hélas, hélas ! Dire que tous les hommes possèdent Alaya [52], sont un avec la grande Âme et que, la possédant, Alaya leur sert si peu !
Regarde comment, semblable à la lune réfléchie dans les vagues tranquilles, Alaya est reflétée par le petit et par le grand : elle se mire dans les plus minuscules atomes, mais ne réussit pas à atteindre le cœur de tous. Hélas ! Dire que si peu profitent de ce don, de cet inestimable bienfait d'apprendre la

---

50      L'"arbre de la connaissance" est un titre donné par les disciples du Bodhidharma (Religion-Sagesse) à ceux qui ont atteint les hauteurs de la connaissance mystique — aux Adeptes. Nâgârjuna, le fondateur de l'école Mâdhyamika, fut appelé l'"Arbre-Dragon", le dragon étant le symbole de la Sagesse et de la Connaissance. L'arbre est honoré parce que c'est sous l'Arbre Bodhi (sagesse) que Bouddha reçut la naissance et l'illumination, prêcha son premier sermon et mourut.

51      Le "Cœur Secret" est la doctrine ésotérique.

52      Voir page 17, note 10.

vérité, la perception juste des choses existantes, la Connaissance du non-existant

L'élève demande :

O Maître, que dois-je faire pour atteindre la Sagesse ?

O Sage, que faire pour acquérir la perfection ?

Cherche les Sentiers. Mais, ô Lanou, aie le cœur pur avant d'entreprendre ton voyage. Avant de faire ton premier pas, apprends à distinguer le vrai du faux, le toujours-éphémère du toujours-durable. Apprends par-dessus tout à séparer la science de tête de la Sagesse d'Âme, la doctrine de l'"Œil" de celle du "Cœur".

Oui, l'ignorance est comme un vase bouché et sans air ; l'âme comme un oiseau enfermé dedans. Il ne gazouille pas, il ne peut remuer une plume, le chanteur reste muet et engourdi, et meurt d'épuisement.

Cependant, l'ignorance vaut encore mieux que la science de tête sans la Sagesse d'Âme pour l'illuminer et la guider.

Les semences de Sagesse ne peuvent germer et croître dans un espace sans air. Pour vivre et moissonner l'expérience, il faut au mental de la largeur et de la profondeur, et des pointes pour l'attirer vers l'Âme-diamant [53]. Ne cherche pas ces pointes dans le royaume de Mâyâ; mais plane au-dessus des illusions, cherche l'éternel et l'immuable SAT [54] et défie-toi des fausses suggestions de la fantaisie.

Car le mental est comme un miroir : il amasse la poussière tout en reflétant [55]. Il faut la douce brise de la Sagesse d'Âme pour enlever la poussière de nos illusions. Cherche, ô débutant, à fusionner ton Mental et ton Âme.

Évite l'ignorance, et évite de même l'illusion. Détourne ta face des déceptions du monde; méfie-toi de tes sens, ils sont faux. Mais dans ton corps, tabernacle de tes sensations, cherche l'"homme-éternel" [56] dans l'Impersonnel; et, t'étant mis à sa recherche, regarde en dedans : tu es Bouddha [57].

Évite la louange, ô dévot. La louange conduit à l'illusion de soi-même. Ton corps n'est pas le soi,

---

53     "L'Âme-Diamant", "Vajrasattva", titre du suprême Bouddha, le "Seigneur de tous les Mystères", appelé Vajradhara et Adi-Bouddha

54     SAT, la Réalité une, éternelle n'étant qu'illusion.

55     La doctrine de Shen-Siu enseigne que l'esprit humain est comme un miroir qui attire et reflète chaque atome de poussière, et doit, comme un miroir, être surveillé et épousseté chaque jour. Shen-Siu fut le sixième patriarche de la Chine du nord qui enseigna la doctrine ésotérique de Bodhidharma.

56     L'ÉGO réincarnant est appelé par les Bouddhistes du nord l'"homme réel", qui, uni à son Soi Supérieur, devient un Bouddha.

57     "Bouddha" veut dire "Illuminé".

ton Soi est en lui-même sans corps, et ni la louange ni le blâme ne l'affectent.

La congratulation de soi-même, ô disciple, est comme une tour élevée sur laquelle est monté un sot arrogant. Là, assis dans sa hautaine solitude, il n'est aperçu de nul autre que de lui-même.

La fausse science est rejetée par le Sage, et dispersée aux vents par la Bonne Loi dont la roue tourne pour tous, pour l'humble et le fier. La "Doctrine de l'Œil" [58] est pour la foule, la "Doctrine du Cœur" pour les élus. Les premiers répètent avec orgueil "Voyez, je sais", les derniers, ceux qui ont engrangé avec humilité, avouent tout bas : "Voilà ce que j'ai entendu dire" [59].

"Grand Crible" est le nom de la "Doctrine du Cœur", ô disciple.

La roue de la bonne Loi se meut rapidement. Nuit et jour, elle moud. Elle ôte du grain doré la balle sans valeur, de la farine, le rebut. La main de Karma guide la roue, les révolutions marquent les battements du cœur karmique.

---

58    Voir page 13 note 1. Le Bouddhisme *exotérique* pour la multitude.

59    Formule qui précède ordinairement les Écritures bouddhistes, signifiant ce qui a été recueilli par tradition orale directe de Bouddha et des Arhats.

La vraie connaissance est la farine, la fausse science est la balle. Si tu veux manger le pain de Sagesse, il te faut pétrir la farine avec les eaux claires d'Amrita [60]. Mais si tu pétris de la balle avec la rosée de Mâyâ, tu ne pourras que créer de la nourriture pour les noires tourterelles de la mort, les oiseaux de la naissance, de la décrépitude et de la douleur.

Si l'on te dit que pour devenir Arhat tu dois cesser d'aimer tous les êtres — dis-leur qu'ils mentent.

Si l'on te dit que pour gagner la libération tu dois haïr ta mère et te détourner de ton fils, désavouer ton père et l'appeler "chef de famille" [61]; renoncer à toute pitié pour l'homme et la bête, — dis-leur que leur langue est fausse.

Ce sont là les enseignements des Tirthikas [62], des incrédules.

S'ils t'enseignent que le péché naît de l'action, et le bonheur de l'inaction absolue, dis-leur qu'ils se trompent. La suspension de l'action humaine, la

---

60     Immortalité.
61     Rathapâla, le grand Arhat, interpelle ainsi son père dans la légende appelée *Rathapâla Sûtrasamme*. Mais toutes les légendes de ce genre sont allégoriques (ainsi le père de Rathapâla a une maison à *sept portes*): de là le reproche fait à ceux qui les acceptent *à la lettre*.
62     Ascètes brahmanes.

délivrance du mental de son esclavage, par la cessation du péché et des fautes, ne sont pas pour les "Égos-Dévas" [63]. Ainsi le déclare la "Doctrine du Cœur".

Le Dharma de l'"Œil" manifeste l'extérieur et le non-existant.

Le Dharma du "Cœur" manifeste Bodhi [64], le Permanent et l'Éternel.

La lampe brûle brillamment quand la mèche et l'huile sont propres. Pour les rendre propres, il faut que quelqu'un les nettoie, la flamme ne sent pas l'opération du nettoyage. "Les branches d'un arbre sont secouées par le vent, le tronc demeure immobile".

L'une et l'autre, l'action comme l'inaction peuvent trouver place en toi : ton corps agité, ton mental tranquille, ton Âme limpide comme un lac de montagne.

Veux-tu devenir un Yogi du "Cercle du Temps" [65] ?

Alors, ô Lanou :

Ne crois pas que s'asseoir dans les forêts sombres, dans une hautaine réclusion et à l'écart des

---

63    L'Égo réincarnant.
64    Sagesse vraie, divine.
65    [Kalachakra.]

hommes; ne crois pas que vivre de racines et de plantes, qu'étancher sa soif avec la neige de la Grande Chaîne; ne crois pas, ô dévot, que cela te conduira au but de la libération finale.

Ne crois pas que briser tes os, déchirer ta chair et tes muscles, t'unisse à ton "Soi silencieux" ne crois pas que lorsque les péchés de ta forme grossière sont vaincus, ô victime de tes ombres [66], ton devoir soit terminé envers la nature et envers l'homme.

Les Bénis ont dédaigné ces pratiques. Le Lion de la Loi, le Seigneur de Miséricorde [67] percevant la vraie cause de la douleur humaine, abandonna immédiatement le doux mais égoïste repos des tranquilles lieux sauvages. D'Âranyaka [68] il devint l'Instructeur du genre humain. Après que Joulaï [69] fut entré au Nirvâna, il prêcha par les monts et par les plaines, et tint des discours dans les cités, aux Dévas, aux hommes et aux dieux [70].

---

66      Le "*Soi* Supérieur", septième principe.

67      Nos corps physiques sont appelés "Ombres" dans les écoles Mystiques.

68      Un ermite qui se retire dans la jungle et vit dans une forêt quand il devient Yogi.

69      *Joulaï*, nom chinois de Tathâgata, titre appliqué à chaque Bouddha.

70      Toutes les traditions du Nord et du Sud s'accordent à montrer Bouddha, quittant sa solitude dès qu'il eût résolu le problème de la vie (c'est-à-dire reçu l'illumination intérieure), et donnant ses enseignements publiquement aux hommes.

Sème des actes aimables et tu cueilleras leurs fruits. L'omission d'un acte miséricordieux devient une commission de péché mortel. Ainsi parle le Sage. T'abstiendras-tu d'agir? Ce n'est pas ainsi que ton âme obtiendra sa liberté. Pour atteindre Nirvâna on doit atteindre la Soi-Connaissance, et c'est d'actes aimables que la Soi-Connaissance est l'enfant.

Sois patient, Candidat, comme celui qui ne craint pas l'échec, qui ne courtise pas le succès. Fixe le regard de ton Âme sur l'étoile dont tu es un rayon [71], l'étoile flamboyante qui brille dans les profondeurs sans lumière du toujours-être, dans les champs sans bornes de l'Inconnu.

Sois persévérant comme quelqu'un qui dure à jamais. Tes ombres vivent et s'évanouissent [72] — ce qui, en toi, vivra toujours, ce qui, en toi, *connaît,* car c'est la connaissance [73], n'est point de cette vie

---

71    D'après la doctrine ésotérique, chaque ÉGO spirituel est un rayon d'un "Esprit Planétaire".

72    Les "personnalités" ou *corps physiques,* les "ombres" sont éphémères.

73    Le Mental (*Manas*), principe pensant ou ÉGO de l'homme, est relié à la Connaissance même, parce que les *Égos* humains sont *Mânasapûtras,* les fils du Mental (universel).

fuyante ; c'est l'homme qui a été, qui est et qui sera, pour qui l'heure ne sonnera jamais.

Si tu veux moissonner la douce paix et le repos, Disciple, ensemence avec les graines du mérite les champs des moissons futures. Accepte les douleurs de la naissance.

Recule-toi du soleil dans l'ombre, pour faire plus de place aux autres. Les larmes qui arrosent le sol desséché de la peine et de la douleur produisent les fleurs et les fruits de la rétribution karmique.

Au-dessus de cette fournaise de la vie humaine et de sa fumée noire s'élèvent des flammes ailées, des flammes purifiées qui, prenant leur essor sous l'œil karmique, finissent par tisser l'étoffe glorieuse des trois vêtements du Sentier [74].

Ces vêtements sont : Nirmânakâya, Sambhogakâya et Dharmakâya, robe sublime [75].

La robe Shâna [76] peut, il est vrai, gagner la lumière éternelle. La robe Shâna suffit à donner le

---

74     Voir page 31, note 43.

75     Id.

76     Robe *Shâna*, de Shânavâsin de Râjagriha, le troisième grand Arhat ou patriarche, comme les Orientalistes appellent la hiérarchie des 33 Arhats qui répandirent le Bouddhisme. "Robe Shâna" veut dire, par métaphore, l'acquisition de la Sagesse avec laquelle on entre au Nirvâna de destruction (de la *personnalité*). Littéralement la "robe d'initiation" des néophytes. Edkins déclare que ce "vêtement d'herbe" fut importé du Tibet en Chine, sous la dynastie des T'ang, La légende

Nirvâna de destruction : elle arrête la renaissance, mais ô Lanou, elle tue aussi la compassion. Les Bouddhas parfaits, une fois vêtus de la gloire de Dharmakâya, ne peuvent plus aider au salut de l'homme. Hélas ! Les SOI seront-ils sacrifiés au *Soi*, le genre humain au bienêtre des unités ?

Sache, ô débutant, que c'est là le SENTIER *Ouvert*, la route du bonheur égoïste, évitée par les Bodhisattvas du "Cœur Secret", les Bouddhas de Compassion.

Vivre au bénéfice de l'humanité est le premier pas. Pratiquer les six vertus glorieuses [77] est le second.

Revêtir l'humble robe Nirmânakâya, c'est renoncer pour Soi à l'éternel bonheur, afin d'aider au salut de l'homme. Atteindre la béatitude du Nirvâna, mais y renoncer, est le pas suprême, le pas final, le plus sublime sur le Sentier du Renoncement.

Sache, Ô disciple, que c'est là le SENTIER SECRET, choisi par les Bouddhas de Perfection, qui ont sacrifié le SOI à des Soi plus faibles.

---

chinoise et la légende tibétaine disent que : "Lorsque naît un Arhan, on trouve cette plante poussant dans un lieu pur".

77     "Pratiquer le sentier des Pâramitâs" veut dire devenir yogi dans le but de devenir ascète.

Pourtant, si la "Doctrine du Cœur" a les ailes trop hautes pour toi, si tu as besoin d'aide toi-même et si tu crains d'offrir ton aide aux autres ; alors, homme au cœur timide, sois averti à temps : contente-toi de la "Doctrine de l'Œil" de la loi. Espère encore. Car si tu ne peux atteindre le Sentier Secret ce "jour-ci", il sera à ta portée "demain" [78]. Apprends que pas un effort, même le plus petit, dans une bonne ou mauvaise direction, ne peut s'évanouir du monde des causes. Même la fumée dispersée ne reste pas sans traces. "Une parole dure prononcée dans les vies passées n'est pas détruite, mais revient toujours" [79]. Le poivrier ne donnera pas de roses, et l'étoile argentée du jasmin parfumé ne se changera pas en ronces ni chardons.

Tu peux créer en ce "jour" tes chances pour ton "lendemain". Dans le "Grand Voyage" [80], les causes semées à toute heure portent chacune sa moisson d'effets, car une rigide Justice gouverne le Monde. D'une puissante poussée d'action jamais dans l'erreur, elle dispense aux mortels des vies heureuses

---

78     "Demain" signifie la prochaine naissance ou réincarnation.
79     Préceptes de l'École Prâsanga.
80     Le "Grand Voyage" ou le cycle complet des existences, dans une "Ronde".

ou malheureuses, progéniture karmique de toutes leurs pensées et actions de jadis.

Ô toi au cœur patient, prends donc tout ce que le mérite a en réserve pour toi. Aie bon espoir, et sois content du destin. Tel est ton Karma, le Karma du cycle de tes naissances, la destinée de ceux, qui dans leur peine et leur douleur, sont nés en même temps que toi, se réjouissent et pleurent de vie en vie, enchaînés à tes actions précédentes.

............................................................

Agis pour eux "aujourd'hui", ils agiront pour toi "demain".

C'est du bourgeon du Renoncement au Soi que jaillit le doux fruit de la libération finale.

Il est condamné à périr, celui qui, par crainte de Mâra, s'abstient d'aider l'homme de peur d'agir pour Soi. Le pèlerin qui voudrait rafraîchir ses membres fatigués dans les eaux courantes, mais qui n'ose s'y plonger par effroi du courant, risque de succomber à la chaleur. L'inaction basée sur la crainte égoïste ne peut produire que du mauvais fruit.

Le dévot égoïste vit sans but. L'homme qui n'accomplit pas la tâche à lui assignée dans la vie, a vécu en vain.

Suis la roue de la vie, suis la roue du devoir envers race et famille, ami et ennemi, et ferme ton esprit aux plaisirs comme à la peine. Épuise la loi de la rétribution karmique. Gagne des Siddhis pour ta future naissance.

Si tu ne peux être Soleil, sois alors l'humble planète. Oui, si tu es empêché de flamboyer comme le soleil de midi sur la montagne coiffée de neige de l'éternelle pureté, choisis alors, ô néophyte, une plus humble carrière.

Indique la "Voie" — même faiblement, et perdu dans la foule — comme fait l'étoile du soir, à ceux qui suivent leur chemin dans l'obscurité.

Regarde Migmar [81], alors qu'à travers ses voiles cramoisis son "Œil" passe rapidement sur la Terre assoupie. Regarde l'aura flamboyante de la "Main" de Lhagpa [82] étendue avec un amour protecteur sur la tête de ses ascètes. Tous deux sont maintenant les serviteurs de Nyima [83] laissés en son

---

81    Mars.

82    Mercure.

83    *Nyima*, le Soleil dans l'astrologie tibétaine. *Migmar* ou Mars a pour symbole un "Œil", et Lhagpa ou Mercure une "Main".

absence pour veiller silencieusement dans la nuit. Pourtant tous deux, dans les Kalpas passés, étaient de brillants Nyimas, et pourront dans des "Jours" futurs redevenir deux Soleils. Tels sont les hauts et les bas de la Loi karmique dans la nature.

Ô Lanou, sois comme eux. Éclaire et réconforte le pèlerin en peine, et cherche celui qui en sait encore moins que toi ; celui qui s'assied, abattu par la désolation, affamé du pain de Sagesse autant que du pain qui nourrit l'ombre..., sans Instructeur, sans espoir, sans consolation ; et fais-lui entendre la Loi,

Dis-lui, ô candidat, que celui qui fait de l'orgueil et de l'amour-propre les esclaves de la dévotion ; que celui qui, accroché à l'existence, met néanmoins sa patience et sa soumission aux pieds de la Loi comme une douce fleur aux pieds de Shâkya-Thubpa [84] devient un *Srotâpatti* [85] dans cette naissance. Les Siddhis de perfection peuvent apparaître loin, très loin, mais le premier pas est fait : il est entré dans le courant, et il peut acquérir

---

84    Bouddha.
85    Le *Srotâpatti* ou "celui qui entre dans le courant" de Nirvâna, à moins d'atteindre le but pour quelque raison exceptionnelle, peut rarement obtenir Nirvâna en une seule naissance. On dit ordinairement qu'un chéla commence ses efforts ascensionnels dans une vie, et ne les termine, ou n'atteint le but, que dans sa septième naissance suivante.

la vue de l'aigle de montagne, l'ouïe de la timide daine.

Dis-lui, ô aspirant, que la vraie dévotion peut lui ramener la connaissance, cette connaissance qui était la sienne dans des incarnations passées. La vue-déva et l'ouïe-déva ne sont pas obtenues en une seule et courte vie.

Sois humble, si tu veux atteindre la Sagesse.

Sois plus humble encore, quand tu te seras rendu maître de la Sagesse.

Sois Comme l'Océan qui reçoit tous les ruisseaux et toutes les rivières. Le calme puissant immuable, il ne les ressent pas.

Contiens ton Soi inférieur par ton Soi Divin.

Contiens le Divin par l'Éternel.

Oui, grand est celui qui est le meurtrier du désir.

Encore plus grand celui en qui le Soi Divin a tué jusqu'à la connaissance du désir.

Surveille l'Inférieur de peur qu'il ne souille le Supérieur.

La voie de la liberté finale est au-dedans de ton SOI.

Cette voie commence et finit en dehors de Soi [86].

---

86     C'est-à-dire du "Soi" personnel inférieur.

Humble et non prisée des hommes, telle est aux regards hautins du *Tirthika*, la terre mère de tous les fleuves, vide est la forme humaine aux yeux des insensés, bien qu'emplie des douces eaux d'Amrita. Pourtant la source des rivières sacrées est la terre sacrée [87] et celui qui a la Sagesse est honoré par tous les hommes.

Les Arhans et les Sages à la Vision infinie [88] sont rares comme la fleur de l'arbre Oudoumbara. Les Arhans naissent à l'heure de minuit, en même temps que la plante sacrée aux neuf et sept tiges [89], la sainte fleur qui s'ouvre et s'épanouit dans les ténèbres, sous la pure rosée et sur le lit glacé des hauteurs coiffées de neige, hauteurs jamais foulées par les pieds des pécheurs.

Aucun Arhan, ô Lanou, ne devient tel dans l'incarnation où pour la première fois l'Âme commence à aspirer vers la libération finale. Pourtant, ô toi impatient, à aucun guerrier s'offrant volontairement pour combattre dans l'ardente lutte entre

---

87    Les *Tirthikas* sont les Brahmanes sectaires "au delà" de l'Himalaya, appelés "infidèles" par les Bouddhistes de la *terre sacré* (le Tibet), et *vice versa*.

88    Vision infinie ou vue psychique surhumaine. On accorde à l'Arhan la faculté de "voir" et de savoir tout, à distance aussi bien que sur place.

89    Voir page 23 note 29 : la plante shâna.

les vivants et les morts [90], à aucune recrue ne peut jamais être refusé le droit d'entrer dans le Sentier qui mène vers le champ de Bataille.

Car il doit vaincre ou succomber.

S'il est vainqueur, Nirvâna sera à lui. Avant qu'il ne rejette son ombre de sa dépouille mortelle, cette cause féconde de l'angoisse et de la douleur sans limites — en lui les hommes honoreront un grand et saint Bouddha.

Et s'il succombe, alors même il ne succombera pas en vain ; les ennemis qu'il aura tués dans sa dernière bataille ne reviendront pas à la vie dans sa prochaine incarnation.

Mais si tu veux atteindre Nirvâna, ou rejeter le prix [91], que le fruit de l'action et de l'inaction ne soit pas ton motif, homme au cœur indomptable.

Sache que le Bodhisattva qui échange la Libération pour le renoncement afin de se vêtir des misères de la "Vie Secrète" [92], est appelé "trois fois honoré", ô candidat de la douleur à travers les cycles,

---

90    Le "vivant" est l'Égo Supérieur immortel, le "mort" l'Égo inférieur *personnel*.

91    Voir page 31 note 43.

92    La "Vie Secrète" est la vie d'un Nirmânakâya.

Le SENTIER est un, disciple, et pourtant, à la fin, il est double. Ses étapes sont marquées par quatre et sept Portails. À une extrémité — bonheur immédiat; à l'autre — bonheur différé. Tous deux sont la récompense du mérite. Le choix est entre tes mains.

L'Un devient les deux, l'*Ouvert* et le *Secret* [93]. Le premier conduit au but, le second à l'immolation de Soi.

Quand tu as sacrifié le changeant au permanent, le prix est à toi : la goutte retourne là d'où elle est venue. Le SENTIER *Ouvert* mène à l'inchangeable changement, au Nîrvâna, au glorieux état d'Absoluité, à la Béatitude qui dépasse la pensée humaine.

Ainsi le Premier Sentier est LIBÉRATION.

Mais le second Sentier est RENONCIATION, aussi est-il appelé le "Sentier de Douleur".

Ce Sentier *Secret* conduit l'Arhan à une inénarrable douleur mentale, la douleur pour les *morts vivants* [94], l'impuissante pitié pour les hommes

---

93    Le "Sentier Ouvert" et le "Sentier Secret"; l'un, enseigné aux laïques, le sentier exotérique et généralement accepté ; l'autre, le Sentier Secret, dont la nature est expliquée lors de l'initiation.

94    Les hommes qui ignorent les vérités et la Sagesse ésotériques, sont appelés "les Morts vivants".

voués à la misère karmique, fruit du Karma, que les Sages n'osent apaiser.

Car il est écrit : "Enseigne à éviter toutes causes ; quant à l'ondulation de l'effet, comme la grande vague de la marée, tu la laisseras suivre son cours".

Tu n'auras pas plus tôt atteint le but de la "Voie Ouverte" qu'elle te conduira à rejeter le corps de Bodhisattva et te fera entrer dans l'état trois fois glorieux de Dharmakâya [95] qui est l'oubli pour toujours du Monde et des hommes.

La "Voie Secrète" mène aussi à la béatitude Paranirvanique — mais à la fin de Kalpas sans nombre : après des Nirvânas gagnés et perdus par pitié infinie et par compassion pour le monde des mortels abusés.

Mais il est dit : "Le dernier sera le plus grand".

*Samyak Sambouddha,* le Maître de Perfection abandonna son SOI pour le salut du Monde, en s'arrêtant au seuil du Nirvâna, l'état pur.

.................................................................

Tu as la connaissance maintenant concernant les deux Voies. Le temps viendra où tu devras choi-

---

95    Voir page 31 note 43.

sir, ô toi à l'Âme ardente, quand tu auras atteint la fin et franchi les sept Portails. Ton esprit est clair. Tu n'es plus empêtré dans les pensées illusoires, car tu as tout appris. La vérité se tient dévoilée et te regarde sévèrement en face. Elle dit :

"Doux sont les fruits du Repos et de la Libération pour l'amour du Soi ; mais plus doux encore les fruits du long et amer devoir. Oui, le Renoncement pour l'amour des autres, pour l'amour des frères en humanité qui souffrent".

Celui qui devient un Pratyeka Bouddha [96] ne fait sa soumission qu'à son Soi. Le Bodhisattva qui a gagné la bataille et qui tient le prix dans la paume de sa main, dit cependant dans sa divine compassion :

"Pour l'amour d'autrui j'abandonne cette grande récompense" et accomplit le plus grand Renoncement.

UN SAUVEUR DU MONDE, voilà ce qu'il est.

••••••••••••••••••••••••••••••••••••••••••••••••••••••••••••

96    Les *Pratyeka Bouddhas* sont les Bodhisattvas qui s'efforcent d'obtenir et souvent, après une série de vies, obtiennent la robe Dharmakâya. Ne se souciant pas des misères de l'humanité ou de l'aider, mais seulement de leur Propre félicité, ils entrent dans le Nirvâna et — disparaissent de la vue et du cœur des hommes. Dans le Bouddhisme du Nord un "Pratyeka Bouddha" est un synonyme d'Égoïsme spirituel.

Regarde ! Le but de béatitude et le long Sentier de la Souffrance sont là-bas dans le lointain. Tu peux choisir l'un ou l'autre, ô aspirant à la Douleur, dans les cycles à venir !…

OM VAJRAPANI HUM.

# FRAGMENT
# III

# LES SEPT PORTAILS

"UPADHYAYA [97], le choix est fait, j'ai soif de Sagesse. Tu as maintenant déchiré le voile placé devant le Sentier secret, et enseigné le Yâna majeur [98]. Voici ton serviteur prêt à se laisser guider par toi".

C'est bien, Shrâvaka [99]. Prépare-toi, car tu devras voyager seul. L'Instructeur ne peut que t'indiquer la route. Le Sentier est un pour tous, les

---

97    *Upâdhyâya* est un précepteur spirituel, un Guru. Les Bouddhistes du nord choisissent généralement ces précepteurs parmi les "Naljor", les saints hommes, savants en Gotrabhû-Jñâna, et Jñânadarshanashuddhi, professeurs de Sagesse secrète.

98    Yâna, véhicule : ainsi *Mahâyâna* est le "Grand Véhicule" et *Hinayâna* le "Petit Véhicule" : noms des deux écoles de science religieuse et philosophique dans le Bouddhisme du nord.

99    *Shrâvaka* — quelqu'un qui écoute, ou un étudiant qui suit les instructions religieuses. De la racine "Shru". Quand, de la théorie, ils passent à la pratique ou à l'accomplissement de l'ascétisme, ils deviennent *Shramanas*, "ceux qui s'exercent", de *Shrama*, action. Comme le montre Hardy, les deux dénominations répondent aux mots grecs ἀκουστικοί [akoustikoï] et ἀσκηταί [askétaï].

moyens d'atteindre le but doivent varier avec les Pèlerins.

Que choisiras-tu, ô homme au cœur indomptable ? Le Samtan [100] de la "Doctrine de l'œil", le quadruple Dhyânâ ? Ou bien feras-tu route par les Pâramitâs [101] au nombre de six, ces nobles portes de vertu qui mènent à Bodhi et à Prajña, la septième marche de Sagesse ?

Le rude Sentier du quadruple Dhyâna serpente en montant. Trois fois grand celui qui gravit la cime élevée.

Les hauteurs Pâramitâ se traversent par un sentier encore plus escarpé. Il faut te frayer une route à travers sept portails, sept forteresses tenues par des puissances cruelles et rusées — les passions incarnées.

Bon courage, disciple, rappelle-toi la règle d'or. Une fois que tu auras franchi la porte, Srotâpatti [102]

---

100　　*Samtan* (tibétain), le même que le sanscrit *Dhyâna,* ou l'état de méditation dont il y a quatre degrés.

101　　Pâramitâs, les six vertus transcendantes. Pour les prêtres, il y en a dix, [celles déjà nommées, et de plus : l'action juste, la science, voeu de piété, résolution ferme.]

102　　Srotâpatti — littéralement "celui qui est entré dans le courant" qui mène à l'océan nirvânique. Ce nom indique le *premier* Sentier. Le nom du *second* est le Sentier de Sakridâgâmin, "celui qui reverra la naissance seulement une fois de plus". Le *troisième* est appelé Anâgâmin, "celui qui ne se réincarnera plus" à moins qu'il ne le veuille pour aider l'humanité. Le *quatrième* Sentier est connu comme celui de

— "celui qui est entré dans le courant" — une fois que ton pied aura foulé le lit du courant nirvânique dans cette vie ou toute incarnation future tu n'auras plus devant toi que sept autres naissances, ô toi à la Volonté adamantine.

Regarde. Que vois-tu devant ton œil, ô aspirant à la Sagesse divine?

"Le manteau de l'obscurité est sur la profondeur de la matière, dans ses plis je me débats. Sous mon regard, elle s'approfondit, Seigneur; elle se disperse sous le mouvement de ta main. Une ombre se meut, rampante, comme les anneaux d'un serpent qui se déploie... Elle grandit, s'enfle et disparaît dans l'obscurité".

C'est l'ombre de toi-même, hors du sentier, projetée sur les ténèbres de tes péchés.

"Oui, Seigneur: je vois le SENTIER, son pied est dans la fange, ses sommets perdus dans la glo-

---

*Rahat* ou *Arhat*. C'est le plus haut. Un Arhat voit le Nirvâna durant sa vie. Pour lui ce n'est pas un état post-mortem, mais le *Samâdi*, pendant lequel il éprouve toute la béatitude nirvânique.
(Note: Pour montrer combien on doit peu compter sur les Orientalistes pour l'exactitude des mots et de leur sens citons le cas de trois prétendues "autorités". Ainsi les quatre mots que nous venons d'expliquer sont donnés par R. Spence Hardy comme: 1 Sowân: 2 Sakradâgami: 3 Anâgâmi, et 4 Arya. Le révérend J. Edkins donne: 1 Srôtâpanna; 2 Sagardagam: 3 Anâgânim, et 4 Arhan. Schlagintweit les épelle encore différemment, et, en outre, chacun donne de nouvelles variantes dans le sens des termes).

rieuse lumière nirvânique. Et maintenant je vois les Portails, qui vont en se rétrécissant, sur la route âpre et épineuse de Jñâna" [103].

Tu vois bien, Lanou. Ces Portails mènent l'aspirant, à travers les ondes, "sur l'autre rive" [104]. Chaque Portail s'ouvre avec une clef d'or, et ces clefs sont :

1. DANA, la clef de charité et d'immortel amour.

2. SHILA, la clef d'harmonie en parole et en acte, la clef qui rétablit l'équilibre entre la cause et l'effet, et ne laisse plus de place à l'action karmique.

3. KSHANTI, la douce patience, que rien ne peut trouver.

4. VIRAGA, l'indifférence au Plaisir et à la douleur, l'illusion vaincue, la vérité seule perçue.

5. VIRYA, l'énergie indomptable qui se fraye une route vers la VÉRITÉ céleste, hors de la fange des terrestres mensonges.

---

103    Connaissance, Sagesse.
104    Pour les Bouddhistes du nord "atteindre la rive" est synonyme d'atteindre Nirvâna par l'exercice des six et des dix *Pâramitâs* (vertus).

6. DHYÂNÂ, dont la porte d'or, une fois ouverte, conduit le Naljor [105] vers le royaume de l'éternel Sat et contemplation incessante.

7. PRAJÑA, dont la clef fait de l'homme un dieu, et le crée Bodhisattva, fils des Dhyânis.

Telles sont les clefs d'or des Portails.

Avant de Pouvoir t'approcher du dernier portail, ô tisserand de ta liberté, il te faudra conquérir, tout au long du sentier aride, ces Pâramitâs de perfection, les vertus transcendantes, au nombre de six et de dix.

Car, ô disciple! Avant d'avoir été rendu apte à rencontrer ton Instructeur face à face, ton MAITRE lumière à lumière, que t'a-t-on dit?

Avant de pouvoir approcher la première porte, il te faut apprendre à séparer ton corps de ton mental, à dissiper l'ombre, et à vivre dans l'éternel. Dans ce but, tu dois vivre et respirer en tout, comme tout ce que tu perçois respire en toi, sentir que tu résides en toutes choses, et toutes choses dans le SOI.

Tu ne laisseras pas tes sens faire de ton mental un terrain de jeux.

---

105     Un saint, un adepte.

Point ne sépareras ton être de l'ÊTRE et du reste, mais tu absorberas l'Océan dans la goutte, la goutte dans l'Océan.

Ainsi tu seras en parfait accord avec tout ce qui vit, tu aimeras les hommes comme s'ils étaient tes frères disciples, les élèves d'un même Instructeur, les fils d'une même et douce mère.

Les Instructeurs sont nombreux : l'ÂME-MAITRE est une [106], Alaya, l'Âme universelle. Vis dans ce MAITRE comme SON rayon vit en toi. Vis en tes semblables comme ils vivent en LUI.

Avant de te tenir au seuil du Sentier, avant de franchir la toute première Porte, tu dois fondre les deux dans l'Un, sacrifier le personnel au SOI impersonnel, et détruire ainsi le "sentier" entre les deux, l'*Antahkarana* [107].

Tu dois être préparé à répondre à Dharma, la loi rigoureuse, dont la voix te demandera dès le début, à ton tout premier pas :

---

106    L'"ÂME MAITRE" est *Alaya*, l'Âme Universelle ou Atman, dont chaque homme possède en lui-même un rayon avec lequel il peut s'identifier et dans lequel il peut s'absorber.

107    *Antahkarana* est le *Manas* inférieur, le Sentier de communication entre la personnalité et *Manas* supérieur ou Âme humaine. À la mort, il est détruit comme Sentier ou moyen de communication et ses restes survivent dans une certaine forme à l'état de *Kâmarûpa*, la "coque".

"T'es-tu conformé à toutes les règles ô toi dont les espérances sont sublimes ?"

"As-tu accordé ton cœur et ton mental au grand mental et au grand cœur de tout le genre humain ? Car, semblable à la voix mugissante de la Rivière sacrée qui fait écho à tous les sons de la nature[108], ainsi, le cœur de celui "qui veut entrer dans le courant" doit vibrer en réponse à chaque soupir, à chaque pensée de tout ce qui vit et respire".

On peut comparer les disciples aux cordes de la *vînâ* qui éveille les échos de l'âme, l'humanité à sa table d'harmonie et la main qui la caresse, au souffle harmonisant de la GRANDE ÂME DU MONDE. La corde incapable de répondre au toucher du Maître, en suave harmonie avec toutes les autres, se brise et est rejetée. De même le mental collectif des *Lanou-Shrâvakas*. Ils doivent s'accorder avec le mental de l'Upâdhyâya — un avec la Sur-Âme — ou se retirer.

---

108     Les *Böns ou Dugpas,* la secte des "Bonnets rouges", sont regardés comme les plus versés en sorcellerie. Ils habitent le Tibet occidental, le petit Tibet et le Bhoutan. Ils sont tous Tântrikas. Il est souverainement ridicule de voir des Orientalistes, qui ont visité les frontières du Tibet, comme Schlagintweit et autres, confondre les rites et les dégoûtantes pratiques de ces gens avec les croyances religieuses des Lamas orientaux, les "Bonnets jaunes" et de leurs *Naljors* ou saints hommes. La note 15 page 17 est un exemple.

Ainsi font les "Frères de l'Ombre", les meurtriers de leur Âme, le clan redouté des Dad-Dugpas [109].

As-tu accordé ton être avec la grande peine de l'humanité, ô candidat à la lumière?

Tu l'as fait?... Tu peux entrer. Pourtant, avant de mettre pied sur le Sentier désolé de la douleur, il est bon que tu connaisses d'abord les pièges de ta route.

..................................................................

Armé de la clef de charité, d'amour et de tendre miséricorde, tu es en sûreté devant la porte de Dâna, la porte qui se dresse à l'entrée du SENTIER.

---

109    Les Bouddhistes du nord, et, de fait, tous les Chinois, trouvent dans le profond mugissement de quelques-unes des grandes rivières sacrées la tonique de la Nature. De là la comparaison. C'est un fait bien connu en science physique, aussi bien qu'en occultisme, que la résultante des sons de la Nature, telle qu'on l'entend dans le mugissement des grandes rivières, dans le bruit produit par les sommets des arbres se balançant dans les grandes forêts, ou les bruits d'une ville à distance, forme un seul son bien défini et dont le ton est très appréciable. Ceci est prouvé par les physiciens et par les musiciens. Ainsi le professeur Rice (*Chinese Music*) montre que les Chinois ont reconnu ce fait il y a des milliers d'années en disant que "les eaux du Houang-ho, en dévalant, entonnèrent le Kung", appelé "la grande note" en musique chinoise : et il montre que cette note correspond au Fa, "considéré par les physiciens modernes comme étant la véritable tonique de la Nature". Le Professeur B. Silliman en parle aussi dans ses *Principles of Physics* : "Cette note, croit-on, est le Fa moyen du piano, que l'on peut considérer comme la tonique de la Nature".

Regarde, ô heureux pèlerin ! Le portail qui te fait face est haut et large, et semble d'accès facile. La route qui le traverse est droite, unie et verdoyante. C'est comme une clairière ensoleillée dans les sombres profondeurs de la forêt, un point réfléchi sur terre du Paradis d'Amitâbha. Là, les rossignols d'espoir, les oiseaux au radieux plumage chantent perchés dans les verts bosquets, chantent le Succès pour les pèlerins sans crainte. Ils chantent les cinq vertus des Bodhisattvas, la quintuple source du pouvoir Bodhi, et les sept degrés de la Connaissance.

Passe ! Tu as la clef ; tu es en sûreté.

Et, menant à la seconde porte, la route est verdoyante encore : mais tout en montant, elle est raide et sinueuse, oui, jusqu'au sommet rocailleux. De grises brumes se suspendront à ses hauteurs rudes et pierreuses, tout sera sombre au-delà. À mesure que le pèlerin avance, le chant d'espoir sonne plus faible dans son cœur. Le frisson du doute est maintenant sur lui, son pas devient moins assuré.

Prends-y garde, ô candidat ! Prends garde à la crainte qui se déploie comme les ailes noires et silencieuses de la chauve-souris de minuit, entre le clair de lune de ton Âme et le grand but qui s'estompe dans la distance lointaine.

La crainte, ô disciple, tue la volonté et paralyse toute action. S'il lui manque la vertu Shîla, le pèlerin trébuche, et les cailloux karmiques meurtrissent ses pieds sur le sentier rocailleux. Aie le pied sûr, ô candidat. Baigne ton Âme dans l'essence de Kshânti [110]; car voici que tu approches du portail de ce nom, de la Porte de fortitude et de patience.

Ne ferme pas les yeux, et ne perds pas de vue Dorje [111]; les flèches de Mâra frappent toujours l'homme qui n'a pas atteint Virâga [112].

Prends garde de trembler. Sous le souffle de la crainte, la clef de Kshânti se rouille, la clef rouillée refuse d'ouvrir.

---

110    Kshânti, "patience", voir ci-dessus l'énumération des clefs d'or.

111    *Dorje* est le *Vajra* sanscrit; c'est une arme où un instrument qui est entre les mains de certains dieux (les *Dragshed* tibétains, les *Dévas* qui protègent les hommes), et on lui attribue la propriété occulte de repousser les mauvaises influences en purifiant l'air comme l'ozone en chimie. C'est aussi un *Mùdra,* un geste et une posture, employés en méditation. En résumé, posture ou talisman, c'est un symbole de puissance sur les mauvaises influences invisibles. Cependant, les *Bôns* ou *Dugpas* se sont appropriés ce symbole et en abusent pour la magie noire. Pour les "Bonnets Jaunes" ou *Gelugpas,* c'est un symbole de pouvoir, comme la croix pour les chrétiens, et cela n'a rien de plus "superstitieux". Pour les *Dugpas,* c'est, comme le *pentagramme renversé,* le signe de la sorcellerie.

112    *Virâga* est le sentiment d'indifférence absolue pour l'univers objectif, pour le plaisir et la douleur. Le mot "dégoût" ne rend pas le sens, mais s'en approche.

Plus tu avanceras, plus tes pieds rencontreront de fondrières. Le sentier où tu marches est éclairé par un feu, par la lumière de l'audace, qui brûle dans le cœur. Plus on ose, plus on obtiendra. Plus on craint, plus la lumière pâlira, et elle seule peut guider. De même que le rayon attardé sur le sommet d'une haute montagne, dès qu'il s'efface, est suivi par la nuit noire, ainsi, quand la lumière du cœur s'éteint, une ombre profonde et menaçante tombe de ton propre cœur sur le Sentier, et la terreur rive tes pieds sur place.

Prends garde, disciple, à cette ombre fatale. Nul rayonnement de l'Esprit ne peut dissiper l'obscurité de l'âme inférieure, à moins que toute pensée égoïste ne s'en soit enfuie, et que le pèlerin ne dise : "J'ai renoncé à cette forme passagère ; j'ai détruit la cause, les ombres projetées ne peuvent plus exister comme effets". Car voici qu'a eu lieu le grand combat suprême, la lutte finale entre le Soi *Supérieur* et le soi *Inférieur*. Vois, le champ de bataille même est maintenant englouti dans la grande guerre et il n'est plus.

Mais une fois franchie la porte de Kshânti, le troisième pas est fait. Ton corps est ton esclave. Maintenant, prépare-toi pour le quatrième, le

Portail des tentations qui, avec certitude, enjôlent l'homme *intérieur.*

Avant que tu puisses approcher de ce but, avant d'étendre la main pour soulever le loquet de la quatrième porte, tu dois avoir maîtrisé tous les changements mentaux dans ton Soi, et tué l'armée des pensées-sensations qui, subtiles et insidieuses, se glissent inaperçues dans le brillant sanctuaire de l'Âme.

Si tu ne veux pas être tué par elles, tu dois rendre inoffensives tes propres créations, les enfants de tes pensées, invisibles, impalpables, dont les essaims tourbillonnent autour du genre humain, qui sont les descendants et les héritiers de l'homme et de ses dépouilles terrestres. Tu dois étudier la vacuité de ce qui semble plein, la plénitude de ce qui semble vide. Ô intrépide aspirant, regarde bien au fond du puits de ton cœur et réponds, Connais-tu les pouvoirs du Soi, ô toi qui perçois les ombres extérieures?

Si tu ne les connais pas, alors tu es perdu.

Car, sur le quatrième Sentier, la plus légère brise de passion ou de désir fera remuer la lumière tranquille sur les murs blancs et purs de l'Âme. La plus petite vague d'aspiration ou de regret pour les dons illusoires de Mâyâ, ondulant le long *d'Antahkarana* — le sentier qui relie ton Esprit à ton soi, la grand-route des sensations, ces rudes excitants, d'*Ahamkâra* [113] — toute pensée, même rapide comme l'éclair, te fera perdre tes trois prix, ces prix par toi gagnés.

Car, sache-le, l'ÉTERNEL ne connaît pas de changement.

"Abandonne à jamais les huit cruelles misères. Sinon, sûrement, tu ne peux venir à la sagesse, encore moins à la libération", dit le grand Seigneur, le Tathâgata de perfection "celui qui suivit les traces de ses prédécesseurs" [114].

Rigide et exigeante est la vertu de Virâga, Si tu veux maîtriser sa voie, tu dois garder ton mental et, tes perceptions bien plus libres qu'auparavant de toute action meurtrière.

Tu dois te saturer de pur Alaya, devenir comme un avec l'Âme-Pensée de la Nature. Uni à elle, tu es invincible; séparé d'elle, tu deviens la lice de Samvritti [115], origine de toutes les illusions du monde.

---

113     *Ahamkâra* — le "je" ou sentiment de sa propre personnalité : "l'état d'être je", ou "Je suis moi".

114     "Quelqu'un qui marche dans les pas de ses prédécesseurs" ou "de ceux qui sont venus avant lui", tel est le vrai sens du nom de *Tathâgata*.

115     *Samvritti* est celle des deux vérités qui démontre le caractère illusoire ou le vide de toutes choses. C'est la vérité *relative* dans ce

Tout est impermanent chez l'homme excepté la pure essence brillante d'Alaya. L'homme est son rayon cristallin : un rayon de lumière immaculée au dedans, une forme d'argile matérielle sur la face inférieure. Ce rayon est le guide de ta vie et ton vrai Soi, le Veilleur et le Penseur silencieux, la victime de ton Soi inférieur. Ton Âme ne peut être blessée qu'au moyen de ton corps prompt à l'erreur, dirige-les et maîtrise-les tous les deux, et tu pourras franchir sain et sauf le prochain "Portail de l'Équilibre".

Aie bon espoir, ô pèlerin hardi, "va vers l'autre rive". N'écoute pas les murmures des légions de Mâra ; écarte les tentateurs, ces esprits malveillants, les jaloux Lhamayin [116] de l'espace sans fin.

---

cas. L'École *Mahâyâna* enseigne la différence entre ces deux vérités — *Paramârtha satya* et *Samvritti satya* (Satya, "vérité"). C'est là la pomme de discorde entre les *Madhyâmikas* et les *Yogâchâryas,* les premiers niant et les seconds affirmant que tout objet existe grâce à une cause précédente, ou par enchaînement. Les *Madhyâmikas* sont les grands nihilistes et négateurs, pour qui tout est *parikalpita,* une illusion et une erreur dans le monde de la pensée et dans l'univers subjectif aussi bien que dans l'objectif. Les *Yogâchâryas* sont les grands spiritualistes. *Samvritti* donc, comme vérité relative seulement, est l'origine de toute illusion.

116    Les *Lhamayin* sont les élémentals et les mauvais esprits, ennemis et adversaires de l'homme.

Tiens bon ! Tu approches maintenant du portail du milieu, de la porte de Douleur, avec ses dix mille pièges.

Sois maître de tes pensées, ô lutteur pour la perfection, si tu veux en franchir le seuil. Sois maître de ton Âme, ô chercheur de vérités immortelles, si tu veux atteindre le but. Concentre ton regard d'Âme sur l'Unique et Pure Lumière, la Lumière que rien n'affecte et fais usage de ta Clef d'or............................................

La tâche ardue est accomplie, ton labeur est presque fini. Le large abîme qui s'ouvrait pour t'engloutir est presque franchi............................

Tu as maintenant traversé le fossé qui environne la porte des passions humaines. Tu as maintenant vaincu Mâra et sa furieuse légion.

Tu as nettoyé ton cœur de la souillure et tu l'as saigné du désir impur. Mais, ô glorieux combattant, ta tâche n'est pas encore accomplie. Bâtis haut, Lanou, le mur qui clôturera l'Ile Sainte [117], la digue qui protègera ton mental de l'orgueil et de la satisfaction à la pensée de la grande œuvre accomplie.

---

117    L'Égo Supérieur, ou le Soi Pensant.

Un sentiment d'orgueil endommagerait l'ouvrage. Oui, bâtis-le fort, de peur que l'élan furieux des vagues assaillantes, qui montent du grand Océan de la Mâyâ du Monde et viennent battre son rivage, n'engloutisse le pèlerin et l'Ile — oui, même quand la victoire est remportée.

Ton "Ile" est le daim, tes pensées sont les chiens qui le fatiguent et le poursuivent dans sa course vers le fleuve de Vie. Malheur au daim qui est rejoint par les démons aboyeurs avant d'avoir atteint le Vallon du Refuge, dont le nom est Dhyâna Mârga, "le sentier de la connaissance pure".

Avant que tu Puisses t'établir en Dhyâna Mârga [118] et l'appeler tien, ton Âme doit devenir comme le fruit mûr du manguier, aussi douce et tendre que sa pulpe d'or brillante pour les peines d'autrui, aussi dure que son noyau pour tes propres douleurs et chagrins, ô conquérant du bienêtre et de l'infortune.

Endurcis ton Âme contre les ruses du *Soi;* mérite pour elle le nom d'Âme-diamant [119].

---

118      *Dhyâna Mârga* est littéralement le "Sentier de *Dhyâna"* ou le *Sentier de la Pure connaissance* de *Paramârtha,* ou (en sanscrit) de *Svasamvedana,* "la réflexion évidente par elle-même ou s'analysant elle-même".

119      Voir page 15 note 5. "L'Âme-Diamant" ou *Vajradhara* préside sur les *Dhyâni-Bouddhas.*

Car, de même que le diamant profondément enfoui dans le cœur palpitant de la terre ne peut jamais réfléchir les terrestres lumières, ainsi sont ton mental et ton Âme, plongés en Dhyâna Mârga, ils ne peuvent rien refléter du royaume illusoire de Mâyâ.

Quand tu as atteint cet état, les Portails que tu as encore à conquérir sur le Sentier ouvriront tout grands leurs battants pour te laisser passer et les plus puissantes forces de la Nature ne possèdent pas le pouvoir d'arrêter ta course. Tu seras maître du septuple Sentier : mais pas avant, ô candidat, d'avoir subi des épreuves qui dépassent la parole.

Jusqu'alors, une tâche bien plus dure t'attend encore : tu dois te sentir toi-même TOUTE PENSÉE, et pourtant exiler toutes les pensées de ton Âme.

Tu dois atteindre cette fixité du mental dans laquelle aucune brise, si forte soit-elle, ne puisse y faire pénétrer une pensée terrestre. Ainsi purifié, le sanctuaire doit être vide de toute action, son ou lumière de nature terrestre ; tout comme le papillon, saisi par la gelée, tombe sans vie sur le seuil, ainsi toutes les pensées terrestres doivent tomber mortes devant le temple.

Vois, c'est écrit :

"Avant que la flamme d'or puisse brûle d'une lumière régulière, la lampe doit être bien protégée dans un lieu à l'abri de tout vent" [120]. Exposé aux sautes de la brise, le jet de lumière vacillera et la flamme tremblotante jettera des ombres trompeuses, sombres et toujours changeantes, sur le blanc sanctuaire de l'Âme.

Et alors, ô poursuivant de la vérité, ton Âme-Mental deviendra comme un éléphant furieux qui se déchaîne dans la jungle. Prenant les arbres de la forêt pour des ennemis vivants, il périra en essayant de tuer les ombres mouvantes qui dansent sur la paroi des rochers exposés au soleil.

Prends garde que par souci du Soi, ton Âme ne perde pied sur le sol de la connaissance-Déva.

Prends garde que par oubli du SOI, ton Âme ne perde son autorité sur son mental tremblant, et ne soit ainsi frustrée du fruit légitime de ses conquêtes.

Prends garde à l'inconstance! Car cette inconstance est ton grand ennemi. Elle t'attaquera et te rejettera profondément, hors du Sentier que tu foules, dans les marais visqueux du doute.

---

120   *Bhagavad-Gîtâ.* [VI, 19]

Prépare-toi, et sois averti à temps. Si tu as essayé et échoué, ô combattant indomptable, ne perds pourtant pas courage ; continue de combattre et reviens à la charge, encore et toujours.

L'intrépide guerrier, alors que le précieux sang de sa vie s'écoule par ses blessures béantes, attaquera encore l'ennemi, le chassera de sa forteresse, et, le vaincra avant d'expirer lui-même. Agissez donc, vous tous qui échouez et souffrez, agissez comme lui, et de la forteresse de votre Âme, chassez tous vos ennemis — ambition, colère, haine, et jusqu'à l'ombre du désir — lors même que vous avez échoué...

Souviens-t-en, toi qui combats pour la libération de l'homme [121], chaque échec est un succès, et chaque effort sincère gagne avec le temps sa

---

121     Ceci est une allusion à une croyance bien connue en Orient (et même en Occident après tout), à savoir que chaque nouveau Bouddha ou Saint est un soldat de plus dans l'armée de ceux qui travaillent pour la libération ou le salut du genre humain. Dans les pays bouddhistes du nord, où est enseignée la doctrine des *Nirmânakâyas* les *Bodhisattvas* qui renoncent à un Nirvâna bien gagné ou à la robe *Dharmakâya* (l'un et l'autre leur fermant à jamais le monde des hommes) pour assister invisiblement l'humanité et la conduire finalement au Paranirvâna — chaque nouveau *Bodhisattva* ou grand Adepte initié est appelé "libérateur du genre humain". Quand Schlagintweit, dans son "*Buddhism in Tibet*", déclare que *Prulpaï Ku* ou "Nirmânakâya" est "le corps dans lequel les Bouddhas ou Bodhisattvas apparaissent sur la terre pour instruire les hommes", cette affirmation n'explique rien et est inexacte jusqu'à l'absurde.

récompense. Des germes saints bourgeonnent et
croissent, invisibles, dans l'âme du disciple, leurs
tiges s'affermissent à chaque nouvelle épreuve,
elles plient comme des roseaux mais ne rompent
jamais, et jamais ne peuvent être perdues. Mais
quand l'heure est venue elles fleurissent [122].

..............................................................

Mais si tu es venu préparé, alors sois sans crainte.

..............................................................

Désormais ta route est bien dégagée au travers
de la porte *Virya*, le cinquième des Sept Portails.
Tu es maintenant sur la voie qui conduit au hâvre
de Dhyâna, le sixième Portail, Bodhi.

La porte Dhyâna est comme un vase d'albâtre
blanc et transparent, dans lequel brûle tranquille
une flamme d'or, la flamme de Prajña qui rayonne
d'Atma.

---

122    Allusion aux passions humaines et aux péchés qui sont tués
durant les épreuves du noviciat et servent de terrain bien engraissé où
peuvent germer les "saints germes" ou semences des vertus transcendantes.
Les vertus préexistantes ou *innées*, les talents ou les dons sont regardés
comme ayant été acquis dans une vie précédente. Le génie est, sans
exception, un talent ou une aptitude apportés d'une autre existence.

Tu es ce vase.

Tu as rompu avec les objets des sens, tu as voyagé sur le "Sentier de la vue", sur le "Sentier de l'ouïe", et tu te tiens debout dans la lumière de la Connaissance. Tu as atteint maintenant l'état Titiksha [123].

O Naljor, tu es en sûreté

............................................................

Sache-le, conquérant des péchés, une fois qu'un Sowâni [124] a traversé le septième Sentier, toute la Nature saisie d'une crainte respectueuse vibre de joie et se sent soumise. L'étoile argentée transmet en scintillant cette nouvelle aux fleurs nocturnes, le ruisseau frémît cette histoire pour les cailloux, les vagues sombres de l'océan la rugiront aux rochers ceinturés de brisants, les brises chargées de parfums la chanteront aux vallons, et les pins ma-

---

123    *Titiksha* est le cinquième état du *Râja Yoga* — un état de suprême indifférence ; de soumission, s'il est nécessaire, à ce qu'on appelle "plaisirs et peines pour tous", mais sans tirer de cette soumission ni plaisir ni peine ; un état, en un mot, où l'on devient physiquement, mentalement et moralement indifférent et insensible au plaisir comme à la peine.

124    Un *Sowâni* est celui qui pratique *Sowân*, le premier sentier de *Dhyâna*, un srotâpatti.

jestueux murmureront avec mystère : "Un Maître s'est élevé, Un MAITRE DU JOUR" [125].

Il se dresse maintenant comme un piller blanc à l'occident, sur la face duquel le soleil levant de la pensée éternelle verse ses premières ondes les plus glorieuses. Son mental, tel un océan apaisé et sans bornes, s'étend dans l'espace sans rivages. Il tient la vie et la mort dans sa forte main.

Oui, Il est puissant. Le pouvoir vivant libéré en lui, ce pouvoir qui est LUI-MÊME, peut soulever le tabernacle d'illusion bien haut au-dessus des dieux, au-dessus du grand Brahm et d'Indra. *Maintenant*, il atteindra sûrement sa grande récompense !

N'emploiera-t-il pas les dons que ce pouvoir confère pour son propre repos et sa béatitude, son bienêtre et sa gloire bien gagnés — lui, le victorieux de la grande Illusion ?

Non, ô candidat au savoir caché de la Nature ! Si l'on veut suivre les traces du saint Tathâgata, ces dons et ces pouvoirs ne sont pas pour Soi.

Voudras-tu endiguer ainsi les eaux nées sur le Sumeru [126] ? Voudras-tu détourner le courant pour

---

125     "Jour" veut dire, ici un *Manvantara* entier, une période d'une durée incalculable.

126     Le mont Meru, la montagne sacrée des Dieux.

l'amour de toi-même, ou le renvoyer à sa source première le long de la crête des cycles ?

Si tu veux que ce courant de connaissance durement gagnée, de Sagesse née du ciel, reste une eau douce et courante, il ne faut pas le laisser devenir un marais stagnant.

Sache-le ; si d'Amitâbha, l'"Age sans Borne", tu veux devenir le collaborateur alors tu dois répandre la lumière acquise, comme font les Bodhisattvas jumeaux [127], sur toute l'étendue des trois mondes [128].

Sache que le courant de connaissance surhumaine et de Sagesse-Déva que tu as gagnées, doit, de toi-même, canal d'Alaya, être versé dans un autre lit.

Sache, Ô Naljor du Sentier Secret, que les eaux pures et fraîches doivent être employées à rendre, plus douces les vagues amères de l'Océan — cette puissante mer de douleur formée des larmes des hommes.

---

127    Dans la symbolique du Bouddhisme du nord, *Amitâbha* ou "l'Espace sans borne" (*Parabrahman*) a dans son paradis, dit-on, deux *Bodhisattvas* — Kwan-shih-yin et Tashih-Chih — qui rayonnent à jamais la lumière sur les trois mondes où ils ont vécu y (voir note 32), pour aider de cette lumière (de la connaissance) l'instruction des Yogis qui, à leur tour, sauveront des hommes. Leur position élevée dans le royaume d'*Amitâbha* est due aux actes de charité accomplis par eux deux, lorsqu'ils étaient des Yogis eux aussi sur la terre, dit l'allégorie.

128    Ces trois mondes sont les trois plans de l'être, le terrestre, l'astral et le spirituel.

Hélas! Lorsque tu seras devenu comme l'étoile établie au plus haut des cieux, des profondeurs de l'espace ce céleste luminaire doit briller pour tous, excepté pour lui-même; donner de la lumière à tous, mais n'en prendre à personne. Hélas! Lorsque tu seras devenu comme la neige pure dans les vallons des montagnes — froide et insensible au toucher, chaude et protectrice pour la semence qui dort profondément sous son sein — c'est maintenant cette neige qui devra recevoir la mordante gelée, les rafales du nord, abritant ainsi de leur dent aigue et cruelle la terre qui contient la moisson promise, la moisson qui nourrira les affamés.

Volontairement condamné à vivre au cours des Kalpas [129] futurs, sans être remercié ni perçu par l'homme; assujetti comme une pierre entre les autres pierres innombrables qui forment le "Mur Gardien" [130]; tel est ton avenir si tu passes la septième porte. Bâti par les mains de nombreux Maîtres de Compassion, élevé par leur torture, cimenté par leur sang, il abrite le genre humain, de-

---

129     Cycles des âges.
130     Le "Mur Gardien" ou "Mur de Protection". Il est enseigné que les efforts accumulés de longues générations de Yogis, de Saints et d'Adeptes, spécialement des *Nirmânakâyas,* ont créé, pour ainsi dire autour de l'humanité un mur de protection qui l'abrite invisiblement contre des maux encore pires.

puis que l'homme est l'homme, et le protège contre de nouvelles et bien plus profondes souffrances et douleurs.

Cependant l'homme ne voit point cela, il ne le percevra pas, et ne prendra pas garde à la parole de Sagesse... car il ne la sait pas.

Mais toi tu l'as entendue et tu sais tout, ô toi dont l'Âme est sincère et sans artifice.... et tu dois choisir. Alors écoute encore.

Sur le Sentier du Sowân, ô Srotâpatti [131], tu es en sûreté Oui, sur ce Mârga [132] où le pèlerin fatigué ne rencontre qu'obscurité, où saignent les mains déchirées par les épines, où les pieds sont coupés par les silex aigus et durs, et où Mâra dirige ses armes les plus fortes, là, *immédiatement* au-delà, attend une grande récompense.

Calme et immuable, le pèlerin s'élève en glissant sur le courant qui mène à Nirvâna. Il sait que plus ses pieds saigneront, mieux il sera blanchi lui-même. Il sait bien qu'après sept courtes et rapides naissances, Nirvâna sera à lui…

Tel est le Sentier de Dhyâna, le havre du Yogi, le but béni que les Srotâpattis désirent ardemment.

---

131    Sowân et Srotâpatti sont des synonymes.
132    Mârga — "Sentier".

Il n'en est pas ainsi quand il a franchi et gagné le sentier Aryahata [133].

Là, Kleshâ [134] est détruit à jamais, les racines de Tanhâ [135] sont arrachées. Mais attends, disciple... encore un mot. Peux-tu détruire la divine COMPASSION? La Compassion n'est pas un attribut. C'est la LOI des LOIS, l'Harmonie éternelle, le SOI d'Alaya, une essence sans rivages et universelle, la lumière du Droit sans fin, l'à-propos de toutes choses, la loi de l'éternel amour.

Plus tu deviens un avec elle, ton être fondu dans son ÊTRE, plus ton âme s'unit avec ce qui EST, et plus tu deviendras COMPASSION ABSOLUE [136].

Tel est le Sentier Arya, le Sentier des Bouddhas de perfection.

Cependant, quel est le sens des manuscrits sacrés qui te font dire les paroles suivantes?

---

133     Tiré du sanscrit Arhat on Arhan.

134     *Kleshâ* est l'amour du plaisir ou de la jouissance mondaine, bonne ou mauvaise.

135     *Tanhâ*, la volonté de vivre, ce qui cause la renaissance.

136     Cette "compassion" ne doit pas être regardée sous le même jour que "Dieu, l'amour divin" des théistes. La compassion est ici une loi abstraite et impersonnelle, dont la nature, étant l'Harmonie absolue, est jetée dans la confusion par la discorde, la souffrance et le péché.

"Om! Je crois que ce ne sont pas tous les Arhats qui obtiennent les doux fruits du Sentier nirvânique".

"Om! Je crois que tous les Bouddhas n'entrent pas au Nirvâna-Dharma" [137].

Oui! Sur le Sentier Arya tu n'es plus un Srotâpatti, tu es un Bodhisattva [138]. Le courant est traversé. Il est vrai que tu as droit à la robe Dharmakâya; mais le Sambhogakâya est plus grand qu'un Nirvâni, et plus grand encore est le Nirmânakâya — le Bouddha de Compassion [139].

---

137    *Thegpa Chenpoido*, "Mahâyâna Sûtra", Invocations aux Bouddhas de Confession", 1re Partie, IV. En phraséologie du Bouddhisme du Nord, tous les grands Arhats, Adeptes et Saints, sont appelés Bouddhas.

138    Un *Bodhisattva* est, dans la hiérarchie, moins qu'un "Bouddha parfait". En parler exotérique, les deux sont souvent confondus. Pourtant la perception populaire innée et juste a placé, à cause de ce sacrifice de soi, un *Bodhisattva* plus haut, comme objet de vénération, qu'un Bouddha.

139    La Même vénération populaire appelle "Bouddhas de Compassion — les *Bodhisattvas* qui, ayant atteint le rang d'Arhat (c'est-à-dire ayant achevé le *quatrième* ou le *septième* Sentier), refusent de passer à l'état nirvânique ou "de prendre la robe *Dharmakâya* et d'atteindre ainsi l'autre rive", sans quoi il deviendrait au delà de leur pouvoir d'aider les hommes, si peu même que Karma le permette. Ils préfèrent rester invisiblement (en Esprit, pour ainsi dire), dans le monde, et contribuer au salut des hommes en les influençant pour leur faire suivre la Bonne Loi, c'est-à-dire en les conduisant sur le sentier de droiture. Il est d'usage dans le Bouddhisme exotérique du Nord, d'honorer tous ces grands personnages comme des Saints, et de leur offrir la même des prières, comme font les Grecs et les Catholiques

pour leurs Saints et Patrons; d'autre part, les doctrines ésotériques n'encouragent rien de pareil. Il y a une grande différence entre les deux enseignements. Le laïque exotérique connaît à peine le vrai sens du mot *Nirmânakâya* — de là la confusion et les explications insuffisantes des Orientalistes. Par exemple, Schlagintweit croit que *Nirmânakâya* veut dire la forme physique prise par les Bouddhas quand ils s'incarnent sur terre — "la moins sublime de leurs entraves terrestres" (Voir "*Buddhism in Tibet*") — et il part de là pour donner une vue complètement fausse du sujet. Voici cependant la vraie doctrine:

Les trois corps ou formes bouddhiques sont appelés:

1. Nirmânakâya.
2. Sarabhogakâya.
3. Dharmakâya.

Le premier est cette forme éthérée que l'on prendrait lorsque quittant le corps physique, on apparaîtrait dans son corps astral, si l'on avait en outre toute la connaissance d'un Adepte. Le Bodhisattva développe cette forme en lui-même à mesure qu'il avance sur le Sentier. Ayant atteint le but et refusé son fruit, il reste sur cette Terre comme Adepte; et quand il meurt, au lieu d'aller en Nirvâna, il reste dans ce corps glorieux qu'il a tissé pour lui-même, *invisible* à l'humanité non initiée, pour la surveiller et la protéger.

*Sambhogakâya* est la même chose, mais avec le lustre additionnel de "trois perfections" dont l'une est l'oblitération entière de toute préoccupation terrestre.

Le corps *Dharmakâya* est celui d'un Bouddha accompli, c'est-à-dire pas de corps du tout, mais un souffle idéal; la Conscience engloutie dans la Conscience Universelle, ou l'Âme vide de tout attribut. Une fois devenu un *Dharmakâya*, un Adepte ou Bouddha laisse derrière lui toute relation possible avec la terre, toute pensée même de la terre. Ainsi, pour pouvoir aider l'humanité, un Adepte qui a gagné le droit an Nirvâna "renonce au corps *Dharmakâya*" en langage mystique; ne garde de *Sambhogakâya* que la grande et complète connaissance, et reste dans son corps *Nirmânakâya*. L'école ésotérique enseigne que Gautama Bouddha, de même que plusieurs de ses Arhats, est un *Nirmânakâya* de ce genre, et qu'au-dessus de lui, à cause de son grand renoncement et de son sacrifice au genre humain, il n'y en a pas de connu.

Baisse la tête et écoute bien, ô Bodhisattva. La Compassion parle et dit : "Peut-il y avoir de la béatitude quand tout ce qui vit doit souffrir ? Seras-tu sauvé pour entendre

Maintenant tu as entendu ce qui a été dit.

Tu n'atteindras le septième degré et tu ne franchiras la porte de la connaissance finale que pour épouser la douleur, — si tu veux être Tathâgata, suis les pas de tes prédécesseurs, reste sans égoïsme jusqu'à la fin sans fin.

Tu es éclairé, choisis ta route.

...............................................................

Regarde la douce lumière qui inonde le ciel d'Orient. En signe de louange le ciel et la terre s'unissent. Et des quadruples Pouvoirs manifestés s'élève un chant d'amour, du Feu flamboyant et de l'Eau fluide, de la Terre odorante et du Vent impétueux.

Écoute !... du profond et insondable tourbillon de cette lumière d'or où se baigne le Vainqueur, la voix sans parole de TOUTE la NATURE élève ses mille accents pour proclamer :

# JOIE À VOUS, O HOMMES DE MYALBA [140].

# UN PÈLERIN EST REVENU "DE L'AUTRE RIVE".

# UN NOUVEL ARHAN [141] EST NÉ....

*Paix à tous les êtres* [142].

---

140    *Myalba* est notre terre fort justement appelée "Enfer", et le plus grand de tous les Enfers par l'école ésotérique. La doctrine ésotérique ne connaît pas d'autre enfer ou lieu de punition qu'une planète ou terre portant des hommes. *Avitchi* est un état et non une localité.

141    C'est-à-dire qu'un nouveau Sauveur du genre humain est né, qui guidera les hommes au Nirvâna final, après la fin du cycle de vie.

142    Ceci est une des variantes de la formule qui termine sans exception tous les traités, invocations ou instructions — "Paix à tous les êtres", "Béni soit tout ce qui vit". etc., etc.

## Helena Petrovna Blavatsky
### (31 juillet 1831 — 26 avril 1891)

H.P. Blavatsky était une occultiste russe, médium et auteur. Elle fut la co-fondatrice de la Société Théosophique en 1875. Elle publia *Isis Dévoilé* en 1877, un livre décrivant sa vision théosophique du monde. En l'associant étroitement aux doctrines ésotériques de l'hermétisme et du néoplatonisme, elle décrivit la Théosophie comme « la synthèse de la science, de la religion et de la philosophie ». Elle publia ensuite d'autres ouvrages, dont *La Doctrine Secrète*, *La Clef de la Théosophie* et *La Voix du Silence*. Bien que M^{me} Blavatsky fût une figure controversée tout au cours de sa vie, ses doctrines théosophiques ont influencé la diffusion des idées hindoues et bouddhistes en Occident ainsi que le développement de courants ésotériques occidentaux.

CPSIA information can be obtained
at www.ICGtesting.com
Printed in the USA
BVHW041341021121
620542BV00007B/97

9 782924 859285